한 권으로 일목요연하게 보는

불교의 이해

• 도후 지음 •

운주사

서문

친구가 스님이 된 지 3개월 만에 세상을 떠났다.

장례를 치르고, 친구의 남동생은 친구로 말미암아 불교에 관심을 갖게 되어 사찰과 책과 방송 등을 접하며 불교를 알아갔다고 한다. 그가 불교에 관심을 갖게 된 것은, 형님이 병상에 누워 죽을 때가 다 되었는데도 너무도 의연하길래 물어보았다고 한다. "형님은 죽음이 두렵지 않습니까?" 그러자 형님이 "죽음의 땅도 못 갈 곳이 아니다. 두렵지 않다. 스님은 죽음의 영역에도 당당히 갈 수 있어야 된다."라고 하였다고 한다. 이에 도대체 불교가 무엇이기에 그렇게 사람을 변하게 할 수 있나 하는 생각이 들어 불교에 대해 공부하기 시작했다고 한다.

인문학 교수로서 지적인 이해가 뛰어난 사람이었지만, 아무리 불교를 섭렵해 보아도 너무 어렵고 또 초심자들이 일목요연하게 불교의 사찰과 의례와 경전에 대해 잘 이해할 수 있도록 쓰인 책을 찾기 어려웠다고 했다. 또한 그런 책이 있어도 실제 현장인 사찰과 법회에서 참고하기가 난망했다고 한다.

대학교수가 알고자 해도 알기 어려운 불교를 일반인의 경우는 더 알기가 어려운 실정이라 그동안의 지식과 경험을 모아 『불교의 이해』라는 책을 출판하게 되었다. 그동안 사전식 나열이거나 스토리 중심의 양극단적인 입문서가 많아 현장감이 떨어지고, 복잡다단한 불교에 대해 일반인과 초심자들이 그 정수에 대해 한눈에 알기가 어려운 실정이라, 현장 이해와 불교 통찰이라는 두 부분을 염두에 두고 적었다.

절에 가면 왜 제일 먼저 일주문을 보게 되는가? 왜 사찰에 가서는 절을 하는가? 부처님은 어디에 계시는가? 불보살들이 있는 법당과 탱화에는 왜 곳곳에 꽃구름 장식들이 많은가? 예불을 할 때마다 왜 신중단에 반야심경을 하는가? 스님들은 왜 붉은 가사를 걸치고 또 회색 승복을 입는가? 등등 일반인과 불자들이 절에서 늘 대하고 보지만 의외로 잘 모르는 부분에 대한 현장중심의 실제적인 해답과 풀이를 담았고, 사찰에 들어가면서부터 처음 보게 되는 일주문부터 시작하여 차례대로 적어 이해를 도왔다.

일반인들과 불자들이 이 한 권의 책으로 일목요연하게 그리고 손쉽고 나름 깊이 있게 불교를 이해할 수 있도록 하고자 하였으나 여전히 부족한 것이 많을 것이다. 흐르는 대로 적어 행여 잘못된 서술이 있다면 지도편달을 부탁드린다. 출판을 하는 데 도움을 주신 운주사에 감사드리고 그림을 그려준 구상희 님께 감사드린다.

정호 스님의 명복을 빈다.

지장리에서 도후 합장

불교 의례

불

보살

사찰의 구조

1. 일주문

절에 가면 제일 먼저 만나는 것이 일주문이다.

일주문이 없는 절도 많지만 전통적인 사찰에 가면 숲속을 지나 일주문이 절에 오는 사람을 처음으로 맞이한다. 법의 여명과 같은 것이다. 마치 하루가 열리기 전에 동산의 해를 가장 먼저 보듯이, 밤의 고요가 오기 전에 서편에 걸리는 달을 먼저 보듯이 일주문을 먼저 보는 것이다. 일주문이 법의 하루를 여는 일출문이요, 월앙문月昻門인 셈이다. 그래서 일주문을 들어가면 법계法界로 들어가는 것이다.

일주문은 세속과 부처님의 세계를 구분 짓는 경계이다. 일주문 밖이 사바세계이고 일주문 안이 불세계佛世界이므로 일주문은 일종의 법의 테두리이다.

어리석음과 분노와 탐욕이 난무하는 사바세계에 정토의 불세계

천은사 일주문

佛世界가 자리하니 세속에 지친 영혼들이 일주문을 보고 이상향을 그리며 안식을 얻는다. 그러므로 일주문을 세우는 것은 희망을 세우는 것이다. 이러한 희망과 염원의 상징인 일주문은 만법귀일의 불교 사상을 따라 세워진 일(一)자 건축물이다.

　보통은 산명山名을 먼저 쓰고 사찰명을 뒤에 붙인다. 물론 사찰의 다른 건축물들도 모두 불교의 교리와 이상을 건축으로 나타낸 것이다. 범어사의 일주문이 유명하다.

2. 금강문

인왕문은 나라연금강과 밀적금강을 모시고 있으므로 달리 금강문이라고도 한다. 전통적인 큰 사찰에 주로 있고, 없는 사찰이 많다. 밀적금강과 청사자를 탄 문수동자, 나라연금강과 흰 코끼리를 탄 보현동자를 같이 모시는 곳이 많다.

'나라연'은 인도 3대 신 중의 하나 비슈누의 다른 이름인 나라야나를 음역한 것이다. 나라연은 오른팔에 코끼리 백만 마리의 힘을 지닌 천상 제일의 장사로 인도 힌두교 성전인 『마하바라타』 내의 『바가바드기타』에 나오는 주인공이다. 그리고 밀적금강은 금강저를 들고 있는데 오백 야차신의 우두머리로 현겁천불現劫千佛을 수호하는 신장이다. 현겁이란 지금시대의 시간을 말한다.

불교에는 겁劫이라는 시간개념이 있는데 무척 긴 시간이다. 불교는 우주가 성주괴공成住壞空이란 4단계를 거친다고 본다. 요즘으로 말하면 별이 거치는 일생이 성주괴공이다. 성주괴공 4단계의 겁을 모두 합쳐서 대겁大劫이라고 한다. 불교는 우주가 그렇게 성주괴공을 한다고 보는데 대겁 동안 성주괴공의 해프닝이 벌어지는 것이다.

불교의 시간인 겁을 설명할 때 주로 사용하는 용어가 마석겁과 겨자겁이다. 마석겁이란 가로·세로·높이가 각각 1유순由旬인 바위를 백 년마다 한 번씩 천녀가 옷자락을 스쳐서 그 바위가 다 닳아 없어지는 시간이다. 1유순은 대략 15킬로미터 정도 된다. 원래는 소달구지를 끌고 하루 가는 거리라고 한다. 소를 좋아하는 인도다운 시공 거리 계산법이다. 겨자겁은 역시 가로·세로·높이가 1유순由旬인 성안에 겨자씨를 가득 채우고 백 년마다 한 알씩 꺼내어 겨자씨가 모두 다 없어지는 시간이다. 엄청나게 긴 시간이다.

불교에는 삼세겁三世劫이 있는데 과거겁, 현재겁, 미래겁이다. 이 중에서 현재겁을 현겁이라 부른다. 각 겁마다 1,000분의 부처님이 출세하므로 삼세겁 동안 3,000분의 부처님이 출세하여 중생을 교화한다. 그 3,000분의 부처님을 모신 곳을 삼천불전三千佛殿이라고 하고 현겁의 천불千佛을 모신 전각을 천불전이라고 한다.

금강역사는 그 부처님과 도량들을 수호하는 신장이다. 두 금강역사의 모습을 자세히 보면 각각 조금씩 입 모양이 다름을 알 수 있는데, 밀적금강은 입을 굳게 다물고 훔음을 표현하고 나라연금강은 입을 벌리고 '아'음을 표현하고 있다. '아'음과 '훔'음을 산스크리트에서는 시작과 끝을 상징하는 음으로 여긴다. 우주로 비유하여 설명하면, 태양 같은 별이 빛을 발하며 아음중이라면 블랙홀은 훔음중이다. 이처럼 아훔이 우주의 시작과 끝을 상징하는데, 인도에서는 우주가 비슈누의 입 속에 존재하므로 이를 입의 모양으로 형상화하였다.

불국사 석굴암에 금강역사가 태권도 자세로 서 있는 것은 일반인들도 잘 안다. 오늘날 총리에 해당하는 김대성이 불국사를 만들고 수재, 화재, 풍재, 그리고 전쟁 같은 인재를 막고 불국사를 영원히 사바세계의 불국정토가 되게 하기 위하여 도량의 수호를 청한 존재가 바로 코끼리 백만 마리의 힘을 지닌 천상계 제일 신장인 금강역사이다. 차가 보통 200~300마력쯤 되는데 말도 아니고 코끼리 백만력百萬力이니 대단한 역사力士이다. 그 금강역사를 부르는 진언이 바로 무구정광대다라니다. 우리들이 교과서에서 배우는, 불국사 석가탑에서 출토된 세계 최초 목판 인쇄물인 바로 무구정광대다라니다.

아무튼 신라왕들이 세운 황룡사는 불타 소실되었지만 김대성의

완주 송광사 금강문

밀적금강   나라연금강

불국사는 살아남아 현재 유네스코 세계문화유산에 등재되었다. 이제는 우리가 복원하지 못할 상황이라도 전 세계가 힘을 모아 복원할 것이므로 사바세계의 불국정토로 인간이 있는 한 영원히 남게 되었으니 금강역사가 제대로 임무를 다 한 셈이다.

3. 천왕문

일주문을 지나면 천왕문이 나온다. 천왕문에는 좌우로 네 명의 우락부락한 장군 같은 인물상이 있는데 소위 사천왕四天王이다.

불교의 세계관은 수미산을 중심으로 전개된다. 사찰에 들어가

마곡사 천왕문

는 것은 알기 쉽게 말하면 수미산을 올라가는 것이라고 보면 된다. 그 수미산의 상부와 정상에 있는 천상계를 아래 아수라의 침입으로부터 사방에서 지키는 수호신이 사천왕이다. 원래는 인도 귀신들의 왕이었으나 불법에 귀의하여 불도량과 불법과 불제자를 수호하는 역할을 하게 되었다.

　동쪽 지국천왕持國天王, 서쪽 광목천왕廣目天王, 남쪽 증장천왕增長天王, 북쪽 다문천왕多聞天王인데, 천상에 들어가려면 가장 먼저 만나는 존재이다.

　동쪽 지국천왕은 칼을 들고 있고, 서쪽 광목천왕은 부릅뜬 눈에

비사문천왕   지국천왕

증장천왕   광목천왕

보탑을 들고 있다. 그리고 남쪽 증장천왕은 한 손에 용을 잡아 쥐고 있고 한 손에는 여의주를 들고 있다. 마지막으로 북쪽 다문천왕은 비사문천왕이라고도 하는데 부처님의 설법을 즐겨 듣고 손에는 악기인 비파를 들고 있다.

4. 불이문

일주문, 금강문, 사천왕문을 지나면 불이문不二門이 나타난다. 일주문, 금강문, 천왕문, 불이문이 순서대로 나타나지 않거나 서로 혼용되어 있는 곳이 많다.

불이문은 달리 해탈문이라고도 부르는데, 번뇌가 끊어져 비로소 해탈진리의 세계에 구체적으로 들어서는 것을 의미하기 때문에 그렇게 불리는 것이다. 번뇌도 해탈하고 욕심도 해탈하고 분노도 해탈하고 어리석음도 해탈하고 중생도 해탈하고 장애도 해탈한다는 의미이므로 해탈문이라는 용어가 참으로 적절하다. 번뇌즉보리煩惱卽菩提, 무명즉지혜無明卽智慧, 장애즉해탈障碍卽解脫, 중생즉불심衆生卽佛心이라는 대승불교의 이상향이 시작되는 문이 해탈문이다.

포용적인 사고를 가진 불교는 만법귀일의 불이사상不二思想을 가지고 있는데, 이러한 불이법을 『유마경』에서는 불가사의해탈법문不可思議解脫法門이라고 한다. 불이不二는 분별망상을 떠난 무욕

익산 남원사 해탈문

의 경계이면서 동시에 일심의 경지로 내면의 마음에서 피는 불화
佛花인데, 그것을 사찰의 문門으로 만들어 표현하는 것이다.

5. 광명운대光明雲臺

금강문을 지나고 천왕문을 지나면 본격적으로 부처님의 세계에
들어가게 된다. 그러자면 먼저 부처님이 계신 곳부터 제대로 알아
야 부처님을 친견할 수가 있다. 그냥 대웅전으로 들어가면 부처님
이 계신데, 왜 굳이 부처님이 계신 곳을 제대로 알아야 한다고 하

느지 의아할 것이다. 그 이유는, 경전에 따라 부처님의 세계를 건축물로 표현한 것들이 많기 때문이다.

대웅전에 가기 전에 만나는 건축물들을 흔히 대수롭지 않게 여기는데, 실제로는 부처님의 세계가 어떠한 곳인지를 그들이 더 잘 알려준다. 불자들에게 부처님이 어디에 계시느냐고 물으면 대부분 의외로 대답을 잘 못한다. 우물쭈물하다가 마음속에 있다거나 대웅전에 있다고 모기소리로 말하는 경우가 많다.

경전에 입각해서 보면 부처님은 광명의 구름 속에 있다. 저녁예불에 이 부분이 나오는데 "광명운대 주변법계 공양시방 무량불법승"이란 구절이다. 해석하면 "광명의 구름 속에 계신 무량의 불보살과 부처님의 제자들에게 공양을 올리나이다."이다. 그래서 광명의 구름 속에 부처님을 모셔야 하는데 흙과 돌과 나무로 만든 불상이 광명의 구름에 놓일 수는 없으므로 지상에 맞게 광명운대를 만들어야 했다. 불국사가 불세계를 전형적으로 가장 잘 표현하고 있고 한국 사찰의 원형이므로 불국사를 기준으로 해서 설명하도록 하겠다.

불국사는 김대성이 창건했는데, 경전에 입각하여 사바세계에 불세계를 세운 대표적인 사찰이다. 불국사는 부처님을 광명운대에 모시기 위해 돌로 만든 석축과 다리를 만들고 그곳에 청운교, 백운교라는 이름을 붙였다. 그리고 아치 석축 위에 누각을 세우고 자하루紫霞樓라고 명명하였다. 청운교, 백운교, 자하루가 광명운대

불국사 청운교, 백운교, 광명운대

인 셈이다.

　불교는 자금색紫金色을 부처님의 색으로 여기는데, 부처님께 다
가가면 자금색의 서기가 가득하다고 한다. 이 자금색이 붉은 노을
과 비슷하여 건물을 짓고 자하루라고 편액을 건 것이다.

　그리고 해인사도 일주문에 지금은 가야산 해인사라고 적혀 있
지만 과거에는 해인사 홍하문이라고 적혀 있었다. 홍하문紅霞門
이라는 말 역시 붉은 노을의 문이라는 뜻이니 자하와 같은 의미
이다.

　이외에 청하문淸霞門이라고 명명한 곳도 있다. 불국사와 해인사

를 위시해 많은 사찰들이 그런 이름을 붙이고 있다. 그리고 스님들의 가사색이 붉은색이다. 참선종단인 조계종은 어두운 갈색이 많이 들어가 있지만 최근의 공식가사에는 붉은색이 더 가미되었다. 불교의 전통을 무시할 수 없었기 때문이다.

소림사 스님들이 노란색 장삼을 안에 입고 붉은 가사를 걸치고 나와 합장하며 "아미타바"라는 불호를 외우는 것을 영화에서 종종 목격한다. 불색佛色인 자금색을 입고 있는 것이다. 일반인보다 불제자인 스님들이 좀 더 부처님께 다가간 존재로 부처님의 서기인 자금색으로 물들어 있다는 의미이다.

6. 탑

탑의 어원은 스투파이다. 스투파는 범어인데 팔리어로 투우파로 축약되면서 탑파가 되었다. 탑파가 오늘날 탑이 되었다.

스투파는 꼭대기, 정상이라는 말인데, 종교宗敎가 꼭대기, 정상에 대해 가르친다는 의미이니 종교와 깊은 연관을 지니고 있다. 인도에서 스투파는 성인들의 분묘이다.

탑의 원형인 스투파는 비단 인도만이 아니라 인류가 문명을 시작하면서 처음부터 조성된 건축물이다. 하늘과 땅을 잇는다는 의미인 수메르의 지구라트, 이집트의 피라미드도 모두 탑의 일종이다. 세계의 중심, 정상 꼭대기, 천지연결 조형물인 탑의 역사가 무척 오래된 것이라는 말이다. 그러한 전통이 불교에 그대로 전승되어 오늘날 모든 사찰에도 탑이 서 있다.

원래 초기에는 부처님의 형상을 만들 수가 없었다. 그래서 만자卍字와 탑으로 부처님을 표시하였다. 간다라 미술의 영향으로 불상이 조성되기 시작했는데, 대승불교가 흥기하는 초기에 탑을 조성하고 불상을 조성하는 조불조탑造佛造塔 신앙이 크게 성행하였다. 그리고 탑과 불상은 오늘날 사찰의 대표적인 조형물이 되었다. 그래서 탑을 중심으로 사찰이 배치되는 것이 기본 방식이다.

탑의 북쪽 면에 대웅전이 자리하고 동쪽과 서쪽에 동당東堂과 서당西堂이 자리한다. 그리고 남쪽에는 일반적으로 보제루普濟樓라고 부르는 누각이 자리한다. 탑을 중심으로 한 이러한 배치는 동양의 사고인 청룡 백호 현무 주작과도 연관이 있다. 불국사 대웅전이 세워져 있는 마당에 들어서면 왼쪽에 석가탑이 서 있고, 오른쪽에 다보탑이 서 있다.

석가탑

탑은 불상과 함께 부처님을 상징하는 대표적인 조형물이다. 대웅전 앞에 하나의 탑을 세우는 일탑방식도 있고, 두 개의 탑을 나란히 좌우에 세우는 쌍탑방식도 있다. 불국사의 경우는 쌍탑방식이다. 좌우에 있는 석가탑과 다보탑은『법화경』의 석가여래와 다보여래에서 기원하여 이름 붙여진 것이라고 한다.

다보탑

그러나 좀 더 깊은 의미가 있다. 석가탑은 달리 무구정광탑이라고 하고 또 무영탑無影塔이라고도 불린다. 세계 최초 목판 인쇄본인 무구정광대다라니가 출토되어 그렇게 이름 붙여진 것인데 무영탑과 그 의미가 동일하다. 더러움이 없는 빛의 탑이라는 말로, 태양이 그림자가 없듯이 그림자라는 허물이 있으면 안 되기에 무영탑이 되었다.

『무영탑』이라는 소설을 보면 무영탑에 대한 전설이 나오는데 동양판 로미오와 줄리엣 이야기이다.

백제에서 온 아사달과 아사녀가 불국사의 불사에 동참하게 되었는데, 당시 사찰을 만들 때 여자들은 출입이 금지되었다. 그래서 석공인 남편 아사달과 아사녀는 생이별을 하였고, 아사녀는 나라에서 보내주는 녹봉으로 외로이 살아갔다. 하루 이틀 만에 절이 다 조성되는 것이 아니었기에 오래도록 남편을 볼 수 없었던 아사녀는 심한 우울증에 사로잡혔다. 그래서 늘 연못가에 수심에 찬 얼굴을 하고 앉아 있었다. 하루는 그곳을 지나가던 스님이 그런 모습을 보고 연유를 물어보니 남편이 불국사를 지으러 가서 통 볼 수가 없어 우울하다고 하였다. 스님이 아사녀를 보고 "탑이 다 완성되면 연못에 탑의 그림자가 비칠 테니 연못에 탑의 그림자가 비치면 남편이 곧 돌아올 것이다"라고 말해주고 떠났다. 그래서 희망을 갖고 연못에 탑 그림자가 비치기만을 기다렸는데 아무리 기다려도 탑 그림자가 보이지 않자 낙담하여 어느 날 연못에 몸을 던져 죽었다. 그런데 곧 남편이 돌아와 부인이 죽은 것을 알았다. 석가탑이 무구정광탑이라 그림자가 없었던 것이다. 무영탑 전설을 보면 옛사람들도 상당히 스토리텔링한 면이 있다.

우리나라 사람들은 한 번쯤은 모두 불국사에 가 본다. 그래서 전설을 말해주고 석가탑의 그림자를 본 적이 있느냐고 물어보면 역시 우물쭈물한다. 돌로 된 탑인데 어찌 그림자가 없겠는가? 광명운대처럼 더러움이 없는 깨끗한 빛을 상징하는 탑을 돌로 만들었던 것이다. 그래서 석가탑은 보배를 엮어 놓은 듯한 다보탑과 달리 하얀 돌로 그냥 단순하게 세워져 있다.

석가탑과 다보탑은 비록 탑의 형태이지만 광명의 구름을 지나 부처님의 세계에 들어가면 더러움이 없는 깨끗한 빛과 보배들로 장엄되어 있음을 상징한다. 그리고 그 가운데 대웅전을 지어 부처님을 모시고 "이곳은 부처님의 나라다"라는 의미인 부처님의 나라, 불국사라 명명하였다.

갑사 공우탑

한편 갑사에는 절을 짓다 순교(?)한 소를 기리는 탑이 있는데 공우탑功牛塔이라고 한다. 부처님이나 스님의 사리를 모시기 위해 탑을 만드는 것이 일반적인데, 소를 위한 탑을 세운 것이 이례적이다. 만물평등의 원리를 가지고 있는 불교의 단면을 보여주는 탑으로 소의 사리가 바로 갑사이다.

7. 대웅전

대웅전은 부처님을 모신 곳이다. 위대한 영웅의 전각이라는 뜻이다. 대웅전이라는 명칭은 부처님을 숭상하는 것에서 비롯되기도 하였지만 다른 전각과의 상관관계에서 형성된 명칭이다.

불교는 다른 유일신 종교와 달리 기존 종교나 각 민족의 토속신앙을 적대시하지 않고 포용하였다. 하늘을 신앙하여 형성된 칠성신앙을 칠성전이라 하여 곁에 두고, 땅을 숭상하여 생긴 산신신앙을 산신전 또는 산왕전이라고 하여 역시 곁에 두었다. 그 외 바다 용신신앙을 용왕전으로, 부엌신을 조왕단으로 만들어 함께 공존한다.

도량이 무속과 과거의 신들을 모두 품은 상태에서 대웅전을 세우고 부처님을 떡하니 모신 것이다. 자연스럽게 여러 신들 중에서도 가장 위대한 영웅이라는 명칭이 필요했던 것이다. 전각만으로 본다면 칠성과 산신을 좌우보처로 삼고 위대한 영웅인 부처님이 도량의 중심에 대웅전의 모습으로 존재하는 것이다.

그리고 대웅전이라는 현판이 일반적이지만 사찰의 성격에 따라 대웅전 대신에 대적광전, 비로전, 극락보전, 무량수전, 유리보전, 약사전, 미륵전, 원통보전들이 있는 곳이 있다. 대적광전·비로전은 법신불인 비로자나부처님을 모신 곳이고, 극락보전·무량수전은 극락세계를 주재하는 아미타부처님을 모신 곳이다. 그리고 유리보전·약사전은 약사여래를 모신 곳이고, 미륵전은 미래에 오실 부처님인 미륵불을 모신 곳이며, 원통보전은 관음도량으로 관세음보살을 모신 곳이다. 보살이지만 관음 신앙은 매우 성행하여 아예 관음보살을 주존으로 모신 곳이 있는데 강화 보문사, 양양 낙산사, 남해 보리암이 대표적인 3대 관음도량이다.

그리고 현판은 대웅전이라고 적어 놓고 많은 불자들이 대웅전

천안 각원사 대웅전

을 법당이라고 부른다. 이유는 한국 불교의 대부분을 차지하고 있는 조계종이 선종禪宗이라 그런 것이다. 선종 사찰에서는 중심 전각이 법을 설하는 곳이었는데, 선종의 영향으로 도량의 중심에 있는 대웅전을 부처님이 법을 설하는 곳으로 여겨 법당이라고 부른다.

실제로 대웅전은 영산회상불보살의 아름다운 법의 모임을 건축물로 재현한 것이다. 그래서 초기에는 부처님이 가운데 존재하고 나머지 사부대중이 부처님을 빙 둘러싼 모습이었다. 그러나 시간이 흐르면서 공간 활용의 필요성 때문에, 또 기도발원을 위한 용이성 때문에 점차 벽 쪽으로 불단이 이동하게 되었다.

지금도 큰 절에 가면 벽으로 부처님이 붙어 있는 것 같지만 자세히 살펴보면 부처님 뒤로 좁은 마루가 있어 부처님을 모신 불단을 탑돌이하듯이 한 바퀴 돌 수가 있다. 경전에 보면 법을 청할 때 부처님을 오른쪽으로 세 바퀴 도는 구절이 꼭 나온다. 대웅전 안에서 실제로 일어나는 일이 법의 모임인 법회法會이니 그것에 맞게 내부가 조성되어 있는 것이다. 이러한 연유로 대웅전과 법당이라는 말이 혼용되어 쓰이고 있다.

8. 수미단

대웅전에 들어가면, 도량에서 대웅전이 중심에 자리하고 있는 것처럼 대웅전 중심에 수미단이 자리하고 있다. 부처님이 좌정하고 있는 곳인데 수미단이라고 하는 이유는, 불교가 수미산을 세계의 중심으로 보기 때문이다. 여기서 불교의 세계관을 좀 알아볼 필요가 있다.

불교의 세계관은 고대 인도의 세계관과 일맥상통한다. 지금도 인도 사람들은 히말라야에 있는 카일라스 산을 세계의 중심으로 보고 수미산으로 순례를 다닌다. 그러나 불교의 수미산은 현실의 산 모양과는 좀 다르다. 똑같지는 않지만 마치 장고(장구)나 아령처럼 생겼다고 생각하면 된다.

가운데 상단의 수미산을 제1산으로 해서 가장 외곽의 철위산까지 총 아홉 겹의 산들이 둘러싸고 있는데 이것을 간단히 9산이라고 한다. 수미산을 하단에서 싸고 일곱 산이 있는데 모두 금빛이라 칠금산이라고 한다. 그 칠금산과 가장 외곽의 철위산 사이에 여덟 바다가 있어 팔해八海라고 한다. 구산팔해의 모습이다. 그 바다 가운데 동서남북에 사대주四大洲가 있는데 동쪽에 승신주, 서쪽에 우화주, 북쪽에 구로주, 남쪽에 섬부주가 있다.

남쪽의 섬부주를 글자를 합쳐 남섬부주라고 한다. 이 남섬부주의 다른 이름이 사바세계이다. 바로 우리가 사는 세계이다. 사바세계라는 말은 사하라는 말에서 유래했는데 의역을 하면 감인토堪忍土, 또는 인토忍土라는 의미이다. 참고 살아야 하는 곳이라는 말이다. 그리고 남섬부주, 우리가 사는 사바세계 아래에 그 유명한 지옥이 있다.

팔해에 둘러싸인 채 다시 칠금산에 둘러싸여 우뚝 솟은 가운데의 수미산은 욕계의 세계이다. 불교는 욕계, 색계, 무색계로 세계를 분류하는데 흔히 삼계三界라고 한다. 나중에 말하겠지만 불교 예불 중에 부처님께 예경할 때 가장 먼

수미산도

각원사 수미단

저 나오는 단어가 삼계도사三界導師 사생자부四生慈父인데, 삼계를
이끄시는 스승이시며 사생의 자부라는 말이다. 사생은 태란습화
로 태어나는 일체중생을 말한다. 여기서 삼계가 바로 욕계, 색계,
무색계이다.

욕계, 색계, 무색계는 모두 28천天으로 되어 있는데, 이 중에 욕
계는 6개이고 색계는 18개이며 무색계는 4개이다. 삼계와 육도는
불교가 세계를 구분하는 방법이다.

여기서는 수미단과 관계가 있는 욕계 6천에 대해 말하고자 한
다. 욕계 6천은 지거천地居天, 공거천空居天으로 나뉜다. 지거천은

말 그대로 땅에 거처하는 하늘이라는 말이고, 공거천은 공중에 거처하는 하늘이라는 말이다.

지거천은 수미산에 있는 욕계 1천인 사왕천과 욕계 2천인 도리천을 말한다. 사왕천과 도리천이 수미산에 거처하고 있다면 나머지 욕계 4천은 공중에 거하는 공거천으로 야마천, 도솔천, 낙변화천, 타화자재천이 그들이다. 그리고 색계의 여러 천들도 공거천이다. 이 중에 수미산과 직접 관련이 있는 하늘은 사천왕천과 도리천이다.

도리천은 일반인들이 제석천으로 알고 있는 곳인데 수미산 정상의 평평한 곳에 자리하고 있다. 그 도리천을 중심으로 수평으로 33천이 펼쳐져 있다. 흔히 아름다운 33비천상 그림이나 조각들을 종종 볼 수가 있는데, 이것이 도리천을 중심으로 펼쳐진 33천상계를 33천녀로 의인화하여 만든 것이다. 그리고 도리천은 부처님이 『화엄경』을 설한 곳으로도 유명하다. 이렇게 수직으로 28천이 뻗어 있고 도리천의 정상에서 수평으로 33천이 펼쳐져 있어 절에서 아침저녁 종을 칠 때 28번과 33번을 치는 것이다. 장엄한 도리천을 아수라가 끊임없이 침노하므로 그것을 막기 위해 도리천 아래 수미산 중턱 사방에 우락부락 사천왕이 지키고 있다.

이러한 불교의 세계관이 그대로 묘사되어 있는 곳이 수미단이다. 수미단의 하단을 보면 여러 동식물을 장식하고 있고, 그 위의 평평한 단에는 불보살이 모셔져 있다. 하단의 동식물은 지옥, 아귀, 축생이라는 삼악도를 의미하고 불보살이 모셔져 있는 곳은 인간계이다. 석가모니 부처님이 인간계에서 깨달으셨기에 인간계에 모셔져 있는 것이다. 불보살이 모셔져 있는 인간계 위를 보면 한옥 지붕 같은 것이 공중에 매달려 있다. 닫집이라고 부르는 것이다.

9. 닫집

닫집은 인간계에 좌립坐立하고 있는 불보살의 머리 위를 장엄하고 있는 조형물이다. 인도가 더운 나라라 일산日傘이라는 것을 사용했는데 그것이 닫집이 되었다고 본다. 일산과 모양은 많이 다르지만 동양식으로 변해 지붕 모양이 된 것이다.

일산의 기원은 고대 아시리아로 거슬러 올라간다고 한다. 아시리아는 아슈라라는 신을 숭배하며 주변 나라를 철권으로 통치한 것으로 알려져 있다. 사막의 중동에서 뜨거운 햇빛을 피하기 위해 통치자들이 사용한 것이기도 하고, 또는 하늘의 권위를 부여 받는 신물로 여기기도 하였다.

영화 〈레지던트 이블〉을 보면 엄브렐라라는 회사가 나오는데, 엄브렐라가 곧 일산이라는 말이다. 그래서 엄브렐라 사의 로고가 우산 모양을 하고 있다. 엄브렐라라는 말은 흔히 우산이라는 의미로 쓰이지만 원래는 일산이라는 말이다.

서양은 우산보다 일산, 달리 이르면 양산을 중시했고, 동양은 양산보다 우산을 더 생필품으로 여겼다. 이유는 동양이 나무가 많고 비와 습이 많아 양산보다 우산문화가 더 발달한 것이다. 과거 동양은 기름종이로 우산을 만들어 썼고 양반들은 큰 갓을 쓰고 우산 대용으로 사용하기도 하였다. 처음 서양에서 우산이 만들어졌을 때 남자들은 우산 쓰기를 꺼렸다고 한다. 그러다 어떤 사람이 비가 오나 갠 날이나 늘 우산을 들고 다니며 쓰자 그걸 보고 모두 그렇게 하기 시작하여 나중에는 신사의 필수품이 되었다.

아시리아 이후 우산은 정치·종교 지도자와 상류층의 물건이었지만 요즘 와서는 일반인들도 모두 가지고 있는 흔하디흔한 일상용품이 되었다. 근자에 홍콩의 민주화 운동이 우산혁명이라고 불렸는데 이유는 시위 때에 최루탄과 물세례를 함께 사용하여 진압하는 홍콩 정부의 진압작전에 대응하기 위해 간단히 구할 수 있는 호신용 도구로 우산이 적격이었기에 경찰의 진압에 맞서 시민들이 민중의 지팡이로 들고 나간 것이다. 그리고 우산을 일제히 펼치면 시위의 효과를 더할 수 있는 장점도 있었다. 이런저런 이유로 우산이 민주주의를 펼치는 국민도구가 되었으니 상류층의 전유물에서 이제는 일반 국민의 물건이 되었다. 약간 과장되게 말하면 지식의 확장처럼 우산의 확산이 역사인 셈이다.

닫집에 대해 살펴보면 한 가지 더 눈여겨 볼 것이 있다. 바로 닫집의 모양이다. 대웅전 수미단에서 부처님의 머리 위를 장식한 닫

집은 일산 형태가 아니라 한옥 지붕의 형태이다.

옛사람들은 건축을 하거나 집을 지을 때 모두 자연과 천지를 그 속에 담았다. 동서양을 막론하고 피라미드를 위시하여 훌륭한 건축들은 모두 하늘의 별자리나 모습들을 모사해 지었다. 이러한 일들은 개인의 집을 지을 때도 마찬가지였다.

한옥의 경우 아랫부분은 땅의 평평함을 상징하고 지붕은 하늘을 상징한다. 그리고 그 천지간에 인간이 살 방을 마련하였다. 한옥의 장엄한 지붕이 바로 하늘을 옮겨 놓은 것인데, 이러한 관념은 닫집에서도 그대로 적용된다. 닫집이 바로 천상계를 상징한다

1 각원사 닫집
2 서산 문수사 닫집
3 수타사 닫집

는 말이다. 닫집 내부를 보면 흔히 용이나 비천상 조각들이 있는 경우가 많은데 이것 역시 천상계를 묘사한 것이다.

닫집은 보통 이중삼중으로 만들어지는데 부처님의 머리 바로 위에 있는 아래닫집에 적멸보궁寂滅寶宮이라는 글귀가 적혀 있다. 그리고 그 위의 닫집에는 도솔천 내원궁이라는 작은 편액이 걸려 있다. 불보살이 좌립한 바로 위의 닫집은 인간계의 하늘이며, 그 위의 도솔천 내원궁은 욕계 공거천에 있는 미륵부처님이 계신 곳이다. 석가모니 부처님 다음으로 오실 미래의 미륵 부처님이 머무시는 곳이 도솔천이므로 인간들의 염원이 담긴 곳이 또한 닫집이다.

  수미단을 전체적으로 보면 제일 아래의 지옥, 아귀, 축생 삼악도
三惡道와 중간의 인간계 그리고 천상계를 표현하고 있으므로 천상
과 지옥을 수직으로 펼쳐 놓은 것이다. 불교의 육도윤회도를 보면
천상과 지옥 사이에 나머지 세계가 있는데, 수미단도 마찬가지로
나무처럼 땅 끝에서 하늘 끝까지 잇고 있는 것이다. 수미단이 법
당 내부에 있는 생명나무요, 수미산이요, 탑이다.

10. 사물四物

불교는 중생제도를 그 목적으로 하는데, 중생을 제도하기 위해 사
찰에 사물四物을 만들어 매일 예불 전에 친다. 종, 북, 운판, 목어
이다.

각연사 사물각

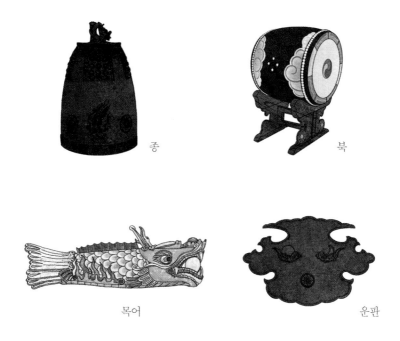

종

북

목어

운판

이 중에서 종은 지옥중생을 제도하기 위한 것이다. 아침저녁 종
을 칠 때 하는 종송鐘頌을 보면 "원차종성변법계願此鐘聲遍法界 철
위유암실개명鐵圍幽暗悉皆明"이라는 구절이 나온다. 뜻은 "원컨대
이 종소리가 온 세계에 두루하여 철위산의 어둠을 모두 밝혀지이
다"이다. 또 이어서 지옥을 부수는 진언인 파지옥진언을 한다. 그
리고 북은 심장을 가지고 뛰어다니는 짐승인 들짐승을 제도하는
것인데, 북소리가 심장의 고동소리를 의미하기 때문이다. 운판은
구름조각같이 생겼는데 날짐승을 제도하는 것이며, 목어는 나무
로 만든 물고기로 어류를 제도하는 것이다.

예불 전에 사물四物을 치는 것은 부처님께 예경하고 법을 청하기 전에 일체중생에게 불음佛音을 들으러 가자고 알리는 소리이기도 하다.

11. 불상

법당에 들어가면 가장 먼저 불상을 만나게 된다. 불상은 의례를 위해 예경의 대상으로 나무나 돌, 청동과 철, 흙 등으로 만든 부처님의 형상이다. 불상은 탑과 함께 불교를 대표하는 조성물이다. 간다라 미술의 영향으로 조성되었다. 그렇지만 서구 유럽의 조각상과는 매우 판이한 모습을 하고 있다.

그리스 신들의 조각상을 보면 주로 웅장하거나 농염한 자세로 서 있는 것이 대부분이다. 그리고 눈을 뜨고 갖가지 포즈를 취하고 있다. 그러나 불상의 경우는 눈을 감고 앉아 있는 것이 대부분이다. 비록 서 있다고 하더라도 몸으로 포즈를 취하기보다 손의 모양을 다르게 하고 있는 경우가 대부분이다.

서양이 남성적이고 외향적이라면 그에 비해 동양의 불상은 여성적이고 내향적이다. 이러한 불상의 모습은 내적인 수행과 관조를 중시하는 풍토에서 자연스럽게 이루어졌다. 그래서 그런지 불상의 경우 부처님의 얼굴 자태가 가장 중요하다. 왜냐하면 얼굴로 열반의 미소와 선정의 깊이를 표현해야 하기 때문이다. 이런 불상의 표정을 상호라고 한다.

상호相好는 32상相 80종호種好의 준말인데, 지금은 얼굴을 지칭하는 보통명사가 되었다. 32상 80종호는 부처님과 인도의 전설적인 성군인 전륜성왕의 얼굴과 몸이 지닌 특징들이다. 32상 80종호는 너무 장황하므로 생략한다.

불상의 모습은 기본적으로 32상 80종호에 기반하여 조성되었다. 그렇지만 각 나라와 지역에 따라 불상의 얼굴이 모두 천차만별이다. 우리나라만 해도 신라 불상은 단정하고 엄숙하며 균형미가 좋고, 백제 불상은 우아한 미소와 여성적인 자태로 유명하다. 흔히 백제의 미소라고 하는데 서산 마애불이 대표적이다. 지금 조계종 총무원 로비에도 조성되어 있다. 신라 불상의 대표는 당연히 석굴암의 본존이다.

비록 나라마다 지역마다 차이가 있지만 불상과 부처님의 상호가 동양의 아름다움을 한껏 지닌 조각상임에는 틀림없다. 우리나라 사람들과 불자들이 늘 대하다 보니 잘 느끼지 못해서 그렇지 서구 조각품들과 비교해보면 단정이 앉아 법열에 든 불상과 부처님의 상호는 동양만이 지닌 예술성이다.

12. 불상의 종류

불교를 제외한 대부분의 종교는 유일신을
숭상한다. 그러나 불교에서는 법을 깨달은
자가 부처이기 때문에 수없이 많은 부처
님이 존재한다고 본다. 밤하늘의 별처럼,
강가의 모래처럼 너무 많아 무량의 부처
님이라고 한다.

　다른 종교가 인물이나 이름 중심이라면
불교는 법이 중심이라는 커다란 차이가 있다. 부처님이 많은 이유
가 인중심人中心이 아니라 법중심法中心임을 알면 쉽게 이해가 간
다. 성불하신 분이 많은 것은 좋은 일이지만 한 가지 단점은 숭배
할 대상이 너무 많아 헷갈리기도 하고 분별하기도 어렵다는 것이
다. 그래도 선호하는 주요 부처님들이 있고 주로 그 부처님들을
불상으로 조성해 모시고 있으므로 부처님에 대해서는 다음에 자
세히 이야기하기로 하고, 우선은 법당에 들어갔을 때 보이는 불상
을 변별하는 수준에서 말하도록 하겠다.

　불상을 변별하는 가장 중요한 두 가지 요소는 수인과 협시보살
이다. 수인手印은 부처님의 손 모양이며, 협시보살은 부처님 좌우
에서 부처님을 보좌하고 있는 두 보살상이다. 법당에 주로 모셔져
있는 불상은 석가모니불, 아미타불, 비로자나불, 약사불, 미륵불

이다.

먼저 석가모니불부터 설명하면 석가모니불은 수인을 항마촉지인이나 선정인禪定印을 하고 있다. 항마촉지降魔觸地는 왼손을 아랫배 부분에 손바닥을 하늘로 가게 대고 오른손가락 하나로 땅을 짚고 있는 모습이다. 부처님이 성도했을 때 부처님의 성도를 지신地神이 증명하라고 한 것에서 유래한다. 선정인은 흔히 참선 때 취하는 손동작으로 두 손을 가지런히 겹쳐 아랫배 부분에 대고 있는 수인이다.

아미타불은 가장 다양한 수인을 취하고 있는데, 구품연대라는 극락세계의 모습을 수인으로 나타내고 있다. 총 아홉 가지의 수인 형태가 있는데, 공통적으로 손가락을 동그랗게 동전 모양으로 하고 있다.

비로자나불은 지권인智拳印이라고 해서 검지를 세우고 그 검지를 감싸 주먹으로 쥐고 있는 모양이다. 부처와 중생, 번뇌와 보리가 모두 하나라는 표현이다.

약사불은 손에 약함을 들고 있다.

마지막으로 미륵불은 손바닥 각연사 비로자나불

합장인

지권인

아미타인

전법륜인

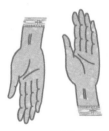

여원인

선정인

을 펴서 위로 하나 들어 보이고 있고 아래로 하나 내려 보여주고 있다. 시무외인과 여원인이라고 한다. 그리고 미륵불은 앉아 명상에 잠긴 모습을 하고 있기도 하는데 흔히 반가사유상이라고 한다.

수인과 더불어 협시보살로 본존불을 파악하기도 하는데 석가모니불은 좌우에 문수보살과 보현보살이 협시하고 있다. 요즘 들어 인기가 있는 관음보살과 지장보살을 모시기도 한다. 원래 관음보살은 아미타불의 협시보살로 모셔지는 것인데 전통적인 규범을 따르지 않는 절들도 많다.

아미타불을 모신 전각을 극락보전이나 무량수전이라고 한다. 많은 한국의 사찰 가운데 극락전을 본당으로 삼고 있는 곳이 많은데 부석사 무량수전이 유명하다. 극락전 본존인 아미타불의 협시보살은 관세음보살과 대세지보살이다. 이 역시 관음보살과 지장보살로 대체되는 경우가 허다하다.

비로자나불은 좌우 협시로 문수보살과 보현보살을 모신다. 이유는 『화엄경』에서 비로자나불과 석가모니불이 동일시되고 있기 때문이다. 비로자나불을 모신 전각을 비로전 또는 대적광전이라고 부르는데, 공주 마곡사가 대표적이다.

약사불은 다른 부처님들과 달리 아주 현실적인 부처님이다. 약사여래 12대원을 보면 이것을 잘 알 수 있다. 현실적인 소망을 들어주고 병든 이를 치유해주는 대의왕불大醫王佛이라 의외로 많은 사찰에 모셔져 있다. 약사전, 유리보전이라는 현판이 붙은 전각의 주불이다. 협시보살은 해와 달이 그려져 있는 일광보살과 월광보살이다.

마지막으로 미륵불을 모신 전각을 용화전, 장육전, 산호전이라고 한다. 산호전은 법주사만의 독특한 이름이다. 미륵불에는 대묘상大妙相보살과 법음륜法音輪보살이 협시였으나 조선시대 이후에는 대묘상보살과 법화림法華林보살로 변화되었다. 금산사의 미륵전이 대표적인 미륵 삼존불의 전당이다.

협시보살의 경우 부처님을 변별하는 데 수인보다는 정확하지 않지만 그래도 어느 정도는 기준이 된다. 설명을 들어도 복잡하여 잘 모르겠으면 간단히 전각의 현판을 보고 판단하면 된다.

13. 보살상

보살이란 용어는 보디 사트바에서 유래한 것이다. 보디 사트바는 보디와 사트바의 합성어이다. 보디는 보리로 지혜를 말하고, 사트바는 중생이라는 의미로, 보디 사트바는 부처님의 지혜를 닦고 중생을 구제하는 존재라는 말이다. 상구보리上求菩提 하화중생下化衆生이라는 간단한 문장으로 주로 표현한다. 보디 사트바가 보리살타가 되고 보리살타가 보살이 되었다.

불자들이 늘 읽는 『반야심경』에 보리살타라는 구절이 나온다. 이처럼 보살은 대승불교의 이상적인 인간상인데, 지금은 절에 다니는 여신도를 칭하는 말이 되었다. 그러나 본래는 부처님을 보좌하며 불법을 널리 중생에게 전하는 존재로 중성격中性格이다. 부처님들에 대한 상세한 설명을 미룬 것처럼 보살들에 대한 상세한 설명도 미루고 여기서는 보살상의 중요한 특징을 말하도록 하겠다.

가장 유명한 보살은 관세음보살이다. 흔히 관음보살이라고도 한다. 세상 중생의 소리를 듣고 천 개의 팔과 천 개의 눈으로 살펴 구제한다는 보살이라서 흔히 천수관음이라고 부른다. 인도에서 천千이란 수는 무량이라는 말이기도 하다. 관음보살상의 가장 두드러진 특징은 이마 위에 본존인 아미타부처님을 이고 있다는 점이다. 그래서 이마에 부처님이 좌정하고 있으면 무조건 관음보살로 보면 된다. 이마에 부처님을 모시고 천 개의 눈과 천 개의 손으로 일체중생을 구제하는 보살이니 대승불교의 이상적인 보살로 널리 신앙되고 있다. 그리고 관음보살은 손에 흰 연꽃을 들고 있는데, 불교의 대표적인 경전인 『법화경』이 '흰 연꽃의 가르침'이란 의미이다. 그 『법화경』 속에 관세음보살 보문품이 있다.

관음보살과 더불어 아미타부처님의 협시보살인 대세지보살은, 관음보살이 아미타불의 자비를 표현한다면 아미타불의 지혜를 표현한다. 이마에 보배병을 이고 있다.

보살 중에서 석가모니 본존불을 협시하는 문수보살과 보현보살이 있는데 문수보살은 지혜를 상징하고 보현보살은 행원行願을 상징한다. 문수상은 푸른 사자를 타고 보배검을 들고 있고, 보현상은 여섯 개의 상아를 가진 흰 코끼리를 타고 연꽃을 들고 있다.

이들 보살과 더불어 널리 모셔진 보살상이 지장보살이다. 지장보살은 죽음 이후의 세계인 명부冥府의 주존主尊으로 시왕十王을 거느리고 있다. 그 시왕 중 가장 유명한 이가 염라대왕이다. 누구나 죽음을 맞이하므로 죽음 이후의 기원을 위해 지장보살이 폭넓게 신앙된 것이다. 지장보살상은 머리를 깎은 채 소림방장이 들고 다니는 육환장 지팡이를 들고 손에 마니보배구슬을 들고 있어 다른 보살상보다 쉽게 구분이 간다. 본존 부처님의 협시보살 중 하나로 모시는 경우도 많지만 법당 내에 별도로 마련되어 있는 영가단에 모셔져 있는 경우가 더 많다.

14. 탱화

불상 뒤에 보면 화려한 그림이 모셔져 있다. 그 그림을 탱화라고 한다. 기도를 하는 데에 절이라는 건축물도 필요하지만 불보살이 존재하는 것이 중요하므로, 불보살이 모셔진 건축과 그림 모두 기도를 위한 장치이다.

건축물과 달리 그림은 휴대가 간편하고 예술성이 있어 후대에 크게 발달하였다. 이런 목적이므로 불교그림인 탱화 역시 사찰처럼 불세계를 담고 있다.

탱화의 네 귀퉁이를 보면 사천왕이 있고 한가운데는 부처님이 계신다. 그리고 부처님 좌우에 협시보살과 여러 명의 보살들이 장엄하고 있는데 주로 8대 보살들을 그려 넣는다. 8대 보살은 중요한 여덟 분의 보살들로 문수, 보현, 관음, 지장, 금강장, 허공장, 제장애除障碍 미륵보살이다. 그리고 부처님 주변 곳곳에 10대 제자들이 그려져 있다.

개심사 후불탱화

탱화의 규모에 따라 불보살과 인물들의 가감이 더해진다. 불보살과 인물들 사이는 꽃구름으로 채우는 것이 일반적인데 그 꽃구름이 바로 앞에서 말한 광명운대이다. 부처님 뒤에 있는 탱화를 흔히 후불탱화後佛幀畵라고 한다.

후불탱화 외에 일반인들이 법당에서 쉽게 볼 수 있는 탱화는 신중단에 있는 신중탱화이다. 신중탱화는 예적금강이나 동진보살을 주존으로 하고 104위의 신중神衆들을 모시고 있다.

신중단과 반대편에는 보통 영가단을 배치한다. 영가단은 제사를 지내는 단인데 일반인들이 절에 와서 그곳으로 보고 49재를 지낸다. 지장탱화를 모시는 경우가 많다. 단순하게 지장보살 한 분을 모시기도 하지만 지장보살과 그 권속들을 모두 그린 탱화를 지장보살상과 함께 모시는 것이 일반적이다.

우리나라에서 죽은 자를 위해 그린 최고의 탱화는 국보 제218호인 아미타삼존도이다. 호암아트홀이 소장하고 있는데, 수월관음도와 비견될 만한 명작이다. 불화의 모습을 보면 아미타부처님이 미심에서 백호광명을 영가를 향해 놓고 지장보살은 마니구슬을 들고 서 있다. 영가는 허름한 옷에 구원을 청하고 관음보살은 허리를 굽혀 영가에게 손을 내밀고 있다. 장엄한 관음보살이 친히 허리를 굽혀 영가에게 손을 따사롭게 내미니 얼마나 그 자비에 감읍하겠는가. 그래서 국보가 되었다.

지장탱화와 함께 영가단에 감로도甘露圖라는 것이 배치되는 경우가 있다. 원래 감로도는 목련존자가 아귀도에 빠진 어머니를 구하기 위해 부처님의 설법을 듣는 내용을 담은 탱화이다. 그래서 수륙재를 할 때 주로 사용하던 불화이다. 감로는 원래 부처님의 법문을 말하는데, 부처님의 법문을 들으면 갈증과 갈애가 사라진다고 한다. 감로라는 말이 달콤한 먹거리처럼 들려 제사를 중시하던 조선시대에는 제사상이 차려져 있고 여러 불보살들이 영가를 장엄하게 마중 나오는 그림의 형태를 띠기도 한다. 감로도를 영단 탱화라고도 한다. 조선후기의 감로도 정도만 남아 있어 가장 숫자가 적은 탱화이기도 하다.

그리고 각 전각에 모셔진 주존에 따라 그에 맞는 탱화들이 있고, 전통신앙인 칠성신앙과 산신신앙, 용왕신앙을 표현한 칠성탱화, 산신탱화, 용왕탱화 등도 있다.

15. 벽화

불교의 전각들을 보면 외벽과 내벽에 그림들이 그려져 있는 것을 볼 수가 있다. 벽화라고 하는데, 불교의 경전 내용이나 교리나 인물들을 주로 그린다. 달마가 잎을 하나 타고 강을 건너가는 그림도 있고, 『화엄경』 설법 내용을 그린 것도 있다. 『화엄경』 내용을 그린 벽화를 화엄변상도라고 하는데, 요즘 그린 것이지만 선종 본찰인 문경 봉암사의 대웅전 화엄변상도가 유명하다.

벽화 중에서 가장 많이 그리는 그림이 바로 십우도十牛圖이다. 달리 일러 심우도尋牛圖라고도 한다. 그림의 숫자가 열 개라 십우도라고 하고, 소를 찾아간다는 의미로 심우도라고 한다.

십우도에서 소는 우리의 마음을 상징한다. 마음을 먼저 찾고 그 다음에 마음을 길들이는 내용인데, 길들여지지 않는 마음은 누런 소로 표현되고 길들여진 소는 흰 소로 표현된다. 길들여지고 있는 중간의 소는 누런색 반, 흰색 반의 소로 표현된다. 다 길들여진 흰 소를 타고 피리를 부는 그림이 나오고 나면 그 다음에는 소도 없고 사람도 없는 그냥 둥근 원상 그림이 나온다. 그리고 마지막에는 있는 그대로의 풍경이 그려져 있다. 도를 깨달아 환지본처還至

심우尋牛
소를 찾다

견적見跡
발자국을 찾다

견우見牛
소를 보다

득우得牛
소를 얻다

목우牧牛
소를 길들이다

기우귀가騎牛歸家
소를 타고 오다

망우존인忘牛存人
소를 잊고 홀로 남다

인우구망人牛俱忘
소와 자신을 모두 잊다

반본환원返本還源
있는 그대로에 계합하다

입전수수入廛垂手
저잣거리로 나가다

〈십우도〉

本處한 그림인데 입전수수入塵垂手라고 한다. 그곳에 적혀 있는 문장을 소개한다.

노흉선족입전래 말토도회소만시
露胸跣足入塵來 抹土塗灰笑滿腮

불용신선진비결 직교고목방화개
不用神仙眞祕訣 直敎枯木放花開

해석을 하면 "맨가슴에 맨발로 시장바닥을 다닌다. 흙먼지 덮어써도 언제나 웃음일세. 신선의 비결이 무슨 소용이 있는가? 늙은 나무에 곧바로 꽃이 핀다."

16. 단청

기독교나 다른 종교들은 음악을 더 중시하지만 불교는 탱화와 벽화 같은 그림이 발달하였다. 탱화와 벽화를 넘어 아예 건물 전체를 그림으로 만들었는데 소위 단청이라고 부르는 것이다. 특히 부처님을 모신 대웅전은 화려하고 장엄하게 단청을 한다.

봄은 푸르고 가을은 붉으니 공자가 역사서 『춘추』를 썼다면 불교는 춘추를 건물에다 입혀 남겼다. 춘청추단春靑秋丹의 자연을 인위적인 건축물에 입혀 산중에 있는 사찰이 산과 어우러지게 하였다. 자연과 인공이 서로 조화되게 하는 멋들어진 불교만의 장식

예산 향천사 단청

이다.

　단청은 조명 없이 가장 화려한 장엄이라는 평가를 받는데, 전기가 없었던 시절에 불보살을 모신 전각에 단청을 한 것을 보면 조상들의 지혜와 예술성을 엿볼 수가 있다. 불교 국가 중에서 특히 한국의 사찰이 잘 단청되어 있어 외국인들이 관광을 하며 한국의 미를 실감하게 하는 대표적인 자랑거리이다.

17. 주련

주련柱聯은 대웅전이나 전각 기둥에 세로로 길게 쓰여 있는 글귀이다. 주로 경전의 정수를 압축한 사구게四句偈나 경전의 핵심 내용 또는 선시들을 적는 경우가 많다.

주련은 전각의 기둥을 글귀로 장엄하여 도량의 위용을 더하였다. 세속을 벗어나 장엄한 전각을 세우고 그곳에서 생사해탈의 일대사를 궁구하니 차사불시애정사此事不是愛情事이다. "이 일은 남녀의 애정사가 아니로다."

순천 선암사의 대웅전 주련이 유명하여 적는다.

외외당당만법왕 삼십이상백천광
巍 巍 堂 堂 萬 法 王　三 十 二 相 百 千 光

막위자용난득견 불리기원대도량
莫 謂 慈 容 難 得 見　不 離 祇 園 大 道 場

높고 높아 당당하신 만법왕이여.
부처님 32상의 백천 광명 눈부시도다.
자비로운 그 모습 친견할 수 없다고 이르지 마라.
기원정사를 떠나지 않으셨느니라.

그리고 봉암사 종각에 있는 선시禪詩 주련을 하나 소개한다.
하유량풍夏有凉風이지만 하유청풍夏有淸風으로 적는다.

춘유백화추유월 하유청풍동유설
春有百花秋有月　夏有淸風冬有雪

약무한사괘심두 변시인간호시절
若無閑事掛心頭　便是人間好時節

봄에는 백 가지 꽃이 있고 가을에
는 밝은 달이 있도다.
여름에는 시원한 바람이 있고 겨울
에는 흰 눈이 있도다.
만약 쓸데없는 일에 마음을 두지만
않는다면
그것이 인간세상의 좋은 시절이
라네.

봉암사 종각 주련

18. 종각

나무로 만든 목탁소리가 도량에 은은히 울려 퍼진다면 금속으로
만든 종은 맑고 청량한 소리를 도량 바깥에까지 널리 울려 퍼지게
한다. 그래서 불음佛音으로 여겨 사찰마다 대부분 종각이 있다.

　종각鐘閣은 말 그대로 종을 걸어 두기 위한 전각이다. 종만 걸어
둔 곳도 있지만 북과 운판과 목어를 함께 배치한 곳도 많다. 사물
四物의 집인 셈이다.

　종각 중에서 유명한 것은 해미 개심사의 종각이다. 산세의 모습

개심사 종각

과 고풍스런 전각들 그리고 심지어 정원의 모습과도 어울리게 아지랑이가 올라오는 형태로 지어져 있어 그 유명한 벚꽃이 필 때면 봄날 참배객과 상춘객들의 발길이 끊이지 않는 곳이다.

19. 보제루

보제루는 대웅전 마당으로 들어가는 관문이면서 대웅전과 마주보고 있어 법회 시에 대웅전이 가득 찰 경우 나머지 사람들이 법회를 참관하는 곳이기도 하다. 보제루를 달리 만세루萬歲樓나 구

신흥사 보제루 앞면

완주 화암사 우화루

수타사 홍회루

광루九光樓, 우화루雨花樓라고 붙인 곳도 있다. 완주 화암사 우화루
와 해인사 구광루가 유명하다.

20. 그 외 전각들

대웅전 외에 관음전, 지장전, 영산전, 나한전, 조사전 등등의 불교
관련 전각들이 있고, 전통신앙에 따른 칠성각, 산신각, 용왕각, 삼
성각 등등의 전각이 있다.

　전각이란 말은 전殿과 각閣이 합쳐진 단어이다. 각은 전보다 다

소 레벨이 낮은 경우에 붙인다. 그래서 불보살과 조사들을 모신 곳은 전이라 칭하고, 전통신을 모신 곳은 각이라 칭한다. 조선조 왕을 전하殿下라고 하는데 중심이 되는 집 아래 있다는 말이다. 전 각 아래에 있으므로 전하나 각하閣下는 주인을 상징한다. 얼마 전 까지 대통령을 각하라고 호칭하였다. 지금은 그냥 대통령이라고 하지만 우리나라 중심 건물이 청와대이므로 전각의 예를 적용해 부른다면 대하臺下라고 부를 수 있다. 물론 현대 민주주의 사회에 서 그럴 필요는 없다. 전각의 차이를 실감나게 설명하기 위해 현 대에 대비하여 말한 것일 뿐이다.

관음전과 지장전은 이름 그대로 관세음보살과 지장보살을 모 신 곳이다. 영산전은 부처님 당시 영축산의 아름다운 법의 모임을 별도로 재현한 곳이며, 나한전은 부처님 당시 아라한에 이른 오백 나한이나 1,250명의 나한을 모신 곳이다. 거조암 나한전이 유명 하다. 나한은 아라한의 줄임말이다. 불자들은 기도를 속히 이루고 싶을 때 나한전에서 기도한다. 나한전을 달리 응진전應眞殿이라고 도 하는데 응당히 공양 받아 마땅하다는 뜻이다.

대아라한인 부처님의 열 가지 명호名號 중에 응공應供이라는 단 어가 있다. 역시 "응당히 공양 받을 만한 이"라는 말이다. 불교에 서 남자스님들을 지칭하는 말인 비구는 "빌어먹는 자"라는 말인 데 탁발을 해서 살아가기 때문이다. 거지도 빌어먹지만 응당히 공 양 받을 만한 존재는 아니다. 물론 거지도 응공應供이다. 왜냐하

마곡사 영산전

면 빌어먹는 용기를 내기가 쉽지 않은 데다 사람들이 거지에게 적선을 하며 그래도 자신이 거지보다는 낮다고 여기면서 자기도 모르게 스스로를 위로하고 또 위로를 받기 때문이다. 아무튼 응당히 공양을 받을 만한 이에게 공양을 하면 곧바로 감응이 온다고 보았던 모양이다. 그래서 입시철이 되면 급해진 부모들의 마음 때문에 응진전이 야단법석이 된다. 서울 관악산 꼭대기에 있는 연주암의 응진전은 무너질까 염려될 정도로 붐빈다. 서울과 수도권 인구가 많고 또 관악산 아래 서울대마저 있으니 당연지사이다.

그리고 사찰의 한쪽 귀퉁이에 한적하게 있는 조용한 전각들이 있는데 조사전이 대표적이다. 조사전은 역대로 눈 밝은 선지식이나 선사를 모시거나 또는 사찰의 창건이나 중창에 혁혁한 공을 세운 인물들을 모신 곳이다. 주로 영정으로 모신 경우가 많다.

그 외 전통신앙 전각인 칠성각, 산신각, 용왕각, 삼성각은 이름 그대로 칠성신, 산신, 용왕신을 모신 곳이고, 삼성각은 주로 칠성과 산신과 홀로 수행하는 독성獨聖을 함께 모신 곳이다.

산신각은 도량에서 가장 전망이 좋은 곳에 세우는 경우가 많다. 우리나라에서 가장 유명한 산신각은 계룡산 신원사에 있는 중악단中嶽壇이다. 신원사 산신각을 중악단이라고 하는 이유는, 원래 상악단은 묘향산, 중악단은 계룡산, 하악단은 지리산에 있었기 때문이다. 지금은 상악단과 하악단은 없고 중악단만 남아 있어 산신 기도의 최고 요람으로 여겨지고 있다. 게다가 신원사 산신각은 명성황후인 민비가 만들어 전체 모습이 궁중 형식이고, 중심 건물인 중악단의 건물 비례가 무척 빼어나 문화사적인 가치가 높다. 또 중악단 내의 산신은 특이하게 벼슬아치들이 차는 신대紳帶를 허리에 차고 있는데, 그래서 그런지 지위를 얻고자 할 때 기도하면 좋다는 속설이 있다. 그리고 산은 국토와 연관되어 있어 국가의 창업과 존망을 위한 산신기도가 많이 행해졌다. 일반인들에게는 잘 알려져 있지 않지만 도선국사가 창건한 임실 성수산에 있는 상이암의 경우 고려 태조 왕건과 조선 태조 이성계가 기도한 곳으로 유명하다. 환희담歡喜潭과 삼청동三淸洞이라는 비문을 각각 남

신원사 산신각 중악단

임실 상이암 신중탱화

졌다.

　보통 칠성은 하늘의 복을 주관하여 지혜와 수명과 관계가 있고, 산신은 산이 땅에 있으므로 재물과 복덕을 주관한다고 한다. 불교에서 칠성은 여래로 승격되어 있어 지혜를 얻고자 할 때 칠성 기도를 하고, 또 북두칠성의 마지막 별이 바로 그 유명한 약사여래이므로 탄생과 건강을 칠성전에서 기원한다. 요즘은 전각의 구분이 희미해져 칠성전, 산신전이라고 하기도 한다.

21. 요사채

요사채란 스님들이 쉬고 기거하는 곳을 말한다. 일반인들이 잘 들어가 보지 못하는 절의 건물인데 원래는 대웅전을 중심으로 양 옆으로 도열한 건축이다. 요즘은 별도의 장소에 자리하는 경우도 많다.

22. 해우소

해우소解憂所는 화장실을 말한다. 근심을 풀어 해결하는 곳이라는 불교적인 용어이다. 지금은 일반인들도 어느 정도는 알고 있는 이름이다. 아직 옛날 방식의 푸세식 화장실인 경우도 있어 요즘 사람들이 놀라는 경우도 많다. 그러나 과거에는 가장 최신식 화장실

개심사 옛날 화장실

이었다. 화장실에서도 마음의 근심을 풀기를 바라는 뜻에서 해우소라 명칭을 지은 것은 참 불교다운 모습이다.

23. 당간지주

요즘 세워지는 사찰에서는 잘 만들지 않지만 전통사찰에 보면 화강암을 나란히 땅에 박아 구멍을 뚫어 놓은 것을 자주 보게 된다. 사찰 입구에 주로 세우는데 대웅전 앞에 존재하는 경우도 있다. 흔히 당간지주幢竿支柱라는 것인데, 달리 일러 찰간지주刹竿支柱라고도 한다. 당幢은 깃발이고 간竿은 막대를 말한다. 막대기에 깃발을 건 것을 당간이라고 한다. 무당집을 보면 대나무 막대기에 깃발을 걸고 있는 것을 볼 수 있는데 그것을 연상하면 쉽다.

당간은 불교에서 매우 중요한 조성물이다. 절 표시이기 때문이다. 절 표시라는 말은 다른 말로 지혜와 법이 있는 곳이라는 의미이다. 법의 깃발이라는 말이다. 그래서 깨달음을 얻을 경우에도 당간을 내걸곤 하였다.

선종의 육조六祖인 혜능의 행장을 기록한 『육조단경』을 보면, 혜능이 오조五祖 홍인선사의 법을 잇고 산중에서 오랫동안 속인처럼 살다가 어느 날 인종법사가 『열반경』을 강의하는 곳을 지나가게 되었다. 법을 설하는 곳이었으므로 깃대를 세우고 깃발을 걸어두었는데 마침 바람이 불어 깃발이 펄럭였다. 그것을 보고 모인 스님들이 "깃발이 흔들리는 것이다, 바람이 흔들리는 것이다."라며 서로 논쟁을 하고 있었다. 그 말을 듣고 혜능이 "깃발이 흔들리는 것도 아니고 바람이 흔들리는 것도 아니다. 너희 마음이 흔들리는 것이다."라고 하였다. 듣고 있던 인종법사가 범상치 않은 말인 줄을 알아채고 혜능을 법상에 앉혀 법을 설하게 하였다. 후일 조계종의 효시가 되는 혜능의 특출한 등단이었다.

선사스님들의 행장을 기록한 것을 무슨 무슨 록錄이라고 하는데, 혜능의 행장을 기록한 것은 경전의 반열에 올려 육조단경六祖壇經이라고 부른다. 선문의 불세출 기린아인 육조 혜능의 등단이 깃발인 당간에서 비롯되었다. 이 이야기는 하도 유명하여 〈달콤한 인생〉이라는 영화의 서두에 스승과 제자의 문답으로 인용되고 있다.

계룡산 갑사 대적전大寂殿 앞에 있는 철당간지주가 유명한데, 갑사는 임진왜란 때에 승병장인 영규대사가 주석하던 곳이다. 영규대사가 근처에서 나는 장군수를 먹고 엄청나게 높은 철당간을 뛰어넘었다는 전설이 있다. 무려 15미터를 맨몸으로 뛰어넘었다는 것은 거짓말이지만 임진왜란 육지전투 최초 승리인 청주성 전투를 이끈 장본인이다. 칠백의총으로 유명한 조헌을 구하러 가다 칼에 배가 베이는 상처를 입고 갑사로 귀환하다가 후유증으로 임종하였다. 후일 일제 강점기 때 갑사가 흥하면 일본이 망한다고 여겨 대웅전 앞의 건물을 옮겨 대웅전 마당을 협소하게 만들었고, 또 갑사의 장군수를 없애버렸다는 전설도 있다. 대웅전 마당을 다시 넓히는 공사는 최근에 이루어졌다. 그리고 갑사 내에 친일파 이완용의 별장이 있었는데 여러모로 일본과 연관이 깊은 사찰임에는 틀림없다.

갑사 철당간지주

갑사의 철당간지주처럼 홀로 우뚝 서 있는 당간지주와 달리 당간지주가 나란히 좌우에 있는 경우가 있다. 이것은 당간지주가 아니라 괘불지주인데 거대한 불화를 외부에 걸고 대법회를 하기 위한 것이다. 이 거대한 불화를 괘불掛佛이라고 한다.

24. 괘불

괘불은 일반인들이 보기가 쉽지 않다. 너무 커서 큰 행사 때에 주로 내걸고 법당이나 기타 장소에 말아 보관하기 때문이다. 예전보

비암사 괘불

다는 덜하지만 지금도 간혹 괘불을 걸고 범패와 승무 등등의 불교 행사를 하는 경우가 있어 그때 사찰에 가면 커다란 불화인 괘불을 볼 수가 있다. 티베트에는 무려 600명이 거는 초대형 괘불이 있다고 한다.

괘불석주에 대를 세우고 큰 법회를 하기 위한 대형불화이지만 지금은 그 예술성 때문에 문화재로서의 가치를 더 가지고 있다. 통도사의 괘불이 유명하다.

25. 부도

부처님의 진신사리를 모시고 부처님을 상징하는 것이 탑이라면 부도는 스님들을 위한 탑이다. 주로 큰스님들의 사리와 유골을 봉안한다.

절에 가면 한적한 곳에 계란 모양으로 만든 석조물들을 보게 되는데 그것이 부도浮屠이다. 계란 모양의 부도를 석종형石鐘形 부도라고 한다. 부도는 여러 가지 모양으로 만드는데 탑塔 형태와 종鐘 형태가 가장 많다.

그리고 부도탑과 함께 거북 모양의 기단에 비석 같은 돌을 세우고 그 위에 조각한 사각 돌을 올려놓은 것이 있는데, 그것은 부도비 또는 탑비라고 한다.

부도

26. 석등

석등은 불을 밝히기 위해 돌로 만든 조형물이다. 대웅전과 부도 앞에 있는 경우가 많다. 그래서 석등은 법당 내의 촛불처럼 불을 공양한다는 의미가 있다. 불을 공양하는 것을 등공양燈供養이라고 하는데, 아주 중요한 공양 중의 하나로 여긴다. 부처님과 큰스님 전에 불을 공양하고 등을 밝히기 위한 것이지만, 석등에 불이 밝혀지면 도량도 따라서 밝아지므로 도량을 밝히는 것이기도 하다.

　보통은 대웅전 앞에 있는 탑과 같이 있는 경우가 많다. 화엄사

쌍사자 석등과 관촉사 석등이 유명하다.

27. 슬공대膝供臺

슬공대는 대웅전 앞에 홀로 우뚝 세워져 있는 일자 돌기둥을 말한다. 해인사 등등 여러 사찰에 있지만 학자들조차 그 용도를 정확히 몰라 부처님 전에 바치는 청수물을 받치는 청수대清水臺라고 하거나 석등용으로 여기기도 한다. 달리 부처님 발우를 올리는 봉발탑奉鉢塔이라고 하거나 등불을 놓는 노주석露柱石이라고도 한다.

관촉사 석등

절에서 생활해보면 아마도 불전에 물건을 올리러 가다가 법당문을 열기 전에 잠시 공양물을 놓아두는 곳으로 보인다. 이렇게 여기는 이유는 과거에는 불보살 전에 올릴 쌀이나 초를 가져갈 때 공양물을

수타사 슬공대

땅바닥에 놓아서는 안 된다는 관습이 있었다. 나이 든 보살님들이 부처님께 지극정성을 들이기 위해 집에서 쌀을 가지고 먼 사찰로 걸어갈 때 공양물을 땅에 놓으면 부정을 타고 정성이 부족하다고 여겨 쉴 때에 무릎에 올려놓았다고 한다. 참으로 옛 향수를 느끼게 하는 모습인데, 아마도 절에서도 그러한 생각이 있었을 것이다. 그래서 법당에 놓을 공양물을 올려놓는 용도였을 것이라고 추측하는 것이다.

의견이 분분하므로 확실치는 않지만, 어두운 새벽 등잔불을 들고 법당에 가는 경우나 공양물을 올리기 위해 잠시 공양물을 놓아두는 용도라면, 공양미를 들고 가며 공양물을 땅에 놓지 않으려는 신심 있는 불자들의 무릎과 같아 슬공대라고 하는 것이 좋을 듯하여 이름을 붙여 보았다.

28. 연등

불교의 꽃은 연꽃이다. 연꽃은 비단 불교의 상징만이 아니라 이집트의 국화이기도 하다. 고대 파라오의 무덤에서 연꽃 씨가 출토되었는데 이는 고대 이집트에서 수련을 나라의 꽃으로 삼았기 때문이다.

고대 이집트에서 연꽃을 존중한 것은 연꽃이 지닌 강인한 생명력 때문이다. 무려 오천 년이 지난 종자를 발아시킨 사례가 있다.

그리고 연꽃을 키워보면 진흙탕 속에서 뿌리들
이 뱀처럼 자라 있다. 한마디로 생존의 왕
이다. 영생불사를 꿈꾸던 고대 이집트의
문화에 어울리는 꽃인 셈이다.

연꽃을 보면 더러운 물에서 잘 자라
고 진흙탕 속에서도 정말 우아하고도 아름다운 꽃과 잎을 피운다.
그래서 처염상정處染常淨이라는 글귀를 연꽃과 함께 자주 사용한
다. 사바세계 고해에서 피어나는 지혜의 꽃으로 여겨 불교의 상징
이 되었다. 이런 연꽃을 등의 모습으로 만들어 초파일에 다는 것
이 바로 연등이다.

처음의 연등은 연등불 신앙에 의한 연등燃燈이었기에 연꽃등만
이 아니었다. 지금도 연꽃등이 아닌 등들을 절에서 자주 볼 수가
있다. 이는 무지와 번뇌와 괴로움에 싸인 마음과 세상에 지혜와
각성의 빛을 밝힌다는 의미였기 때문이다.

석가모니 부처님께서 옛날에 보살로 수행하실 때에 연등불이
세상에 출현했는데, 다섯 송이의 연꽃을 연등불에게 공양하고 스
스로 머리카락을 풀어 진흙 밭에 깔아 연등불이 그 머리카락을 밟
고 지나가게 하였다. 이러한 공덕으로 미래에 성불하리라는 수기
를 받았다고 한다. 그러므로 초파일날 다는 연등에는 부처님의 성
불을 기리는 의미가 포함되어 있다.

또 부처님이 왕자로 태어날 때에 일곱 걸음을 걸으면서 천상천

하유아독존天上天下唯我獨尊이라고 하였는데, 부처님이 걸음을 걸을 때마다 땅에서 연꽃이 솟아올랐다고 한다. 찬탄과 비유이지만 이런 연유로 부처님오신날 연등을 다는 것이다.

청주 마야사 연꽃등

29. 인등人燈

인등은 개인이나 가족의 등을 불단과 각단에 밝히는 것을 말한다. 절에 가면 불단에서 쉽게 볼 수가 있다. 조그마한 전기등으로 줄지어 밝혀져 있는데 주로 개인이나 가족의 소망을 빌거나 지혜가 생기기를 바라는 마음에서 밝힌다. 인등은 불보살 전佛菩薩前에 주로 밝히므로 개인의 지혜증장과 더불어 불보살을 더욱 장엄하게 하는 별도의 공능이 있다.

30. 풍경風磬

절에 가면 바람이 불 때마다 맑고 경쾌한 소리가 들린다. 건물 처

밀천사 인등

마 끝에 달린 작은 물건에서 나는 소리이다. 풍경이라고 부르는 것인데 처마 끝에 달린 모습이 아름답다.

보통은 물고기 모양인데, 이유는 물고기는 잠을 자지 않기 때문이라고 한다. 수행자가 게으르지 말고 정진하라는 의미로 물고기를 달아 놓았다고 한다. 또 맑은 쇳소리는 사람의 마음을 청량하게 하고 욕심을 덜어준다. 원효 스님이 마음에 욕심이 생길 때에 종을 치게 하여 그 소리를 듣게 했는데 이러한 이치 때문이다. 바람이 흐르며 내는 맑은 풍경소리는 산사를 더욱 맑게 한다.

밀천사 담 속 풍경

불교 의례

모든 종교는 교리와 의례와 신도를 가지고 있다. 이 가운데 의례는 종교를 유지하고 이어가고 번창시키는 데 매우 중요한 역할을 한다. 의례는 보통 종교기념일과 종교생활을 위한 일상의례로 나뉜다. 예를 들면 크리스마스, 부활절, 부처님오신날, 열반재일 같은 것이 종교기념일이고, 매일 또는 정기적으로 이루어지는 것이 일상의례이다.

불교에서 기념일은 4대 기념일과 전통적인 명절이 포함된다. 4대 재일은 부처님오신날, 성도재일, 열반재일, 우란분절이다. 그리고 전통적인 명절은 동지, 입춘, 정초 신중기도, 산신기도, 칠성기도가 대표적이다.

부처님오신날은 석가탄신일로 전국 사찰에서 대대적으로 봉축행사를 한다. 행사 중에 색다른 것은 아기 부처님을 목욕시키는 것인데 관불의식이라고 한다. 아기 부처님께 물을 부어주는 의식을 관불灌佛이라고 하는데, 이는 부처님이 태어날 때 아홉 마리 용이 물을 토해 부처님을 목욕시켰다는 전설에서 비롯되었다.

동지와 입춘은 옛날 왕이 처음 국정 시무식을 하는 날이었다. 처음 작은설이라는 동지에 하다가 입춘으로 옮겨졌다. 그래서 사주를 볼 때 입춘 전에 태어나면 설사 해가 지났다 하더라도 그 전해에 태어난 것으로 여긴다. 일반인들이 중시하다 보니 절에서도 유명한 의례일이 되었다. 동지에는 송구영신을 위해 재앙과 과거업을 소멸하고 새해의 안녕을 기원하며 동지 팥죽을 먹는다. 입춘에는 이러한 멸재업滅災業이 아주 구체적으로 행해지는데 유명한 입춘 삼재풀이다. 새해를 맞아 재해를 물리치기 위해 수水·화火·풍風 삼재三災가 든 사람의 삼재를 풀어주는 것이다.

또 새해가 와서 하고자 하는 일이 원만히 이루어지고 나쁜 것으로부터 잘 보호받기 위해 정초에 신중기도라는 것을 한다. 옛사람들은 정초 신중기도를 매우 중요하게 생각하였다. 정초에 수호자들인 여러 신장님들에게 공양을 올리며 가호와 수호를 청하는 의식이다. 그리고 산신기도는 가장 산이 아름다운 봄과 가을에 주로 봉행되는 것이 일반적이다. 칠성기도는 흔히 칠석이라고 부르는 행사인데 음력 7월 7일이다. 견우직녀의 오작교 전설과 경천애인의 전통 사상을 사찰에서 수용하여 칠석법회를 한다. 또 지역에 따라서나 문화적 관습에 따라 용왕기도나 기타의 의례를 별도로 행하는 사찰들도 있다.

이러한 의례들 외에 늘 행해지는 불교의례가 있는데, 흔히 절에 가면 목탁을 치고 요령을 흔들며 하는, 일반인들이 자주 대하는 의례이다. 그러한 불교의례는 크게 세 가지로 나뉘는데, 불보살님 전인 상단上段에 하는 상단불공上壇佛供, 호법신중님 전에 하는 중단불공中壇佛供, 산신이나 칠성 같은 전통 신들에게 하는 하단불공下壇佛供이 있다. 대부분 불보살과 신중들이 법당에 모셔져 있고 산신이나 칠성 등은 별도의 전각에 모신다. 그리고 법당 내 한 쪽에 돌아가신 영가들을 모신 영가단을 마련하여 그곳에서 주로 제사의식을 행하므로 법당 내의 하단은 영가단이 된다. 그래서 영가단에 하는 제사를 의례용어로 하단시식下壇施食이라고 부른다.

1. 불공

불공佛供은 하루 세 번을 행한다. 아침, 저녁, 그리고 사시巳時 때이다. 사시는 9시부터 11시 사이이다. 아침과 저녁 예불을 조석예불이라고 한다.

불교의 예불에는 보이지 않는 의미가 있는데 아침예불은 물공양이요, 저녁예불은 불공양이다. 그리고 사시예불은 부처님이 사시에 공양을 드셨으므로 밥을 지어서 부처님께 올린다. 부처님의 밥을 마지라고 하므로 흔히 사시마지를 올린다고도 말한다.

물, 불, 땅, 바람을 지수화풍地水火風 사대四大라고 한다. 생명과 존재의 근간을 구분하는 불교의 분류법인데 과학자들도 지수화풍으로 분류하는 경우가 많다. 아침에 물을 올리고 저녁에 불을 올리고 사시에는 땅에서 나는 곡식을 올리므로 지공양地供養, 수공양水供養, 화공양火供養을 올린 셈이다. 마지막으로 지수화풍 중에서 유일하게 풍공양風供養이 남았는데, 스님들과 신도들의 염불풍송念佛諷誦이 바로 풍공양이다. 지수화풍의 사대를 생명의 중심이시며 법의 근원이신 수미단의 부처님께 공양하는 것이 불공이다.

2. 아침예불

아침예불은 도량석으로부터 시작한다. 도량석이란 스님 한 분이 일찍 일어나 대중과 만물을 깨우기 위해서 큰 목탁소리를 내며 하는 염불을 말한다. 옛날에는 화엄성중과 만물을 일깨우고 기쁘게 하기 위해 『화엄경』의 정수를 간단히 압축한 문장인 「화엄경 약찬게」를 많이 하였다. 지금은 대부분 『천수경』을 한다.

도량석이 끝나면 이어서 대종을 28번 친다. 외부 대종이 끝나면 법당 안의 소종小鐘을 받아서 친다. 종을 칠 때 종성이라는 염불을 하며 치는데 지금은 그냥 치는 경우도 많다. 소종이 끝나면 목탁염불이 시작된다.

아침예불의 시작음은 아침예불이 물을 공양하는 것이라 "아금청정수 변위감로다 봉헌삼보전 원수애납수 원수애납수 원수자비애납수"이다. 해석하면 "내가 지금 청정한 물을 감로의 차로 만들어 부처님 전에 올리오니 원컨대 자비로써 강림하여 주시옵소서."
이다. 차를 공양하는 것이므로 다공양茶供養이라고도 한다.

이렇게 하며 세 번을 절하고 나면 요령을 흔들며 보소청진언을
스님이 혼자서 한다. 보소청진언은 시방법계의 모든 불보살님들
을 청하는 진언이다. 그리고 그 다음에는 그 유명한 칠정례七頂禮
를 한다. 칠정례는 일곱 번 절하면서 하므로 붙여진 이름이다. 칠
정례의 내용은 다음과 같다.

칠정례 원문

지심귀명례 삼계도사 사생자부 시아본사 석가모니불
지심귀명례 시방삼세 제망찰해 상주일체 불타야중
지심귀명례 시방삼세 제망찰해 상주일체 달마야중
지심귀명례 대지문수사리보살 대행보현보살 대비관세음보살
　　　　　　　대원본존 지장보살마하살
지심귀명례 영산당시 수불부촉 십대제자 십육성 오백성 독수성
　　　　　　　내지 천이백 제대아라한 무량자비성중
지심귀명례 서건동진 급아해동 역대전등 제대조사 천하종사
　　　　　　　일체미진수 제대선지식
지심귀명례 시방삼세 제망찰해 상주일체 승가야중
유원 무진삼보 대자대비 수아정례 명훈가피력 원공법계제중생
　　　　　　　자타일시성불도

지극한 마음으로 온 세계의 스승이시며 모든 중생 어버이이신 석
가모니 부처님께 절하옵니다.

지극한 마음으로 온 세계에 항상 계신 거룩하신 부처님께 절하옵
니다.

지극한 마음으로 온 세계에 항상 계신 거룩하신 가르침에 절하옵
니다.

지극한 마음으로 대지문수사리보살 대행보현보살 대비관세음보
살 대원본존 지장보살님께 절하옵니다.

지극한 마음으로 부처님께 부촉 받은 십대제자 십육성 오백성 독
수성 내지 천이백 아라한께 절하옵니다.

지극한 마음으로 불법을 전한 역대 조사 천하종사 한량없는 선지
식께 절하옵니다.

지극한 마음으로 온 세계에 항상 계신 거룩하신 스님들께 절하옵
니다.

원컨대 다함없는 삼보와 대자대비의 보살님께 제가 예경을 드리
오니 보이지 않는 가운데 가피를 내리소서. 또한 바라옵건대 법계
의 모든 중생들이 모두 다 함께 일시에 성불하여지이다.

보는 바와 같이 칠정례는 일곱 번 절하며 하는 불전佛前 예경이
다. 칠정례는 삼귀의三歸依가 확장된 것이다. 삼귀의는 부처님과

부처님 법과 부처님의 가르침을 따르는 무리들에게 귀의하는 것을 말한다. 불법승 삼보에 귀의하는 것이 삼귀의이다.

칠정례를 보면 제일 먼저 석가모니불이 나오고 다음에 일체 부처님이 나오며 부처님께 귀의한다. 다음에 달마야중이 나오며 법에 귀의한다. 달마는 법이라는 말이다. 그리고 네 번째는 부처님을 따르는 무리들 중에서 가장 상위의 존재인 보살들이 나온다. 문수, 보현, 관음, 지장이 가장 중요한 보살들이라 대표적으로 거명된다. 다섯 번째에는 부처님 당시의 제자들과 아라한들에게 예경한다. 십육성十六聖은 16분의 중요 아라한들이며, 독수성은 홀로 수행하는 아라한으로 독성각을 지어 따로 모시기도 한다. 오백성은 『법화경』에 나오는 오백 아라한들로 부처님으로부터 수기를 받은 분들이다. 경전에 가장 많이 인용되는 천이백 제대 아라한은 부처님 당시 기원정사에서 함께 수행한 모든 아라한을 말한다. 여섯 번째는 선지식과 조사스님들과 불법을 크게 선양한 모든 분들에게 예경한다. 일곱 번째는 시방 삼세의 모든 스님에게 예경한다.

세 번째부터 일곱 번째까지가 불법승 삼보 중에서 마지막 승보에 해당된다. 승보에 대한 예경이지만 정확히는 승가, 즉 사부대중四部大衆에 대한 예경이다. 사부대중은 비구인 남자스님, 비구니인 여자스님, 남자불자님, 여자불자님을 말한다.

일곱 번 절을 마치면 엎드린 채로 마지막 구절을 읊조리며 고개를 들어 잠시 부처님을 보고 미간에 합장한 엄지를 대는데 이것을 고두례叩頭禮라고 한다. 고두례를 하며 "다함없는 삼보께 머리를 조아리오니 보이지 않는 가운데 가피를 내려주시고 일체중생이 다 같이 한꺼번에 성불하여지이다"라고 발원을 한다.

칠정례가 끝나면 불보살의 명호를 연속적으로 거듭거듭 부르는 정근을 한다. 한국의 절에서는 주로 관세음보살을 반복적으로 염송하는 관음정근을 한다.

정근이 끝나면 축원을 하고 축원이 끝나면 신중단을 보고『반야심경』을 한다. 그리고 기도 기간이거나 더 기도할 것이 있으면『천수경』을 읽고 나머지 기도를 한다.

여기까지가 아침예불인데 나머지 예불들도 대동소이하다.

3. 저녁예불

사시예불이 아니라 저녁예불을 먼저 말하는 것은 아침예불과 거의 동일하기 때문이다. 차이점이 있다면 아침에 물을 올리는 대신 저녁엔 불을 올린다는 것이다. 불을 올리는 방법은 향을 올리는 것이다. 그래서 저녁예불을 오분향례五分香禮라고 한다.

지금은 잘 지켜지지 않지만 예전에는 저녁예불을 할 때 불기佛器 그릇에 담겨져 있는 청수물 뚜껑을 닫아두었다. 지금도 큰 절에서는 이러한 전통을 지키는 경우가 많다.

오분향례라고 이름 붙여진 이유는 예불을 할 때 시작음이 다음과 같기 때문이다. "계향 정향 혜향 해탈향 해탈지견향. 광명운대 주변법계 공양시방 무량불법승"이 저녁예불 시작음인데, 여기서 계율의 향, 선정의 향, 지혜의 향, 해탈의 향, 해탈을 얻게 하는 바른 견해의 향이 다섯 향이라 오분향이라고 하는 것이다. 이 중에서 계향, 정향, 혜향의 계정혜戒定慧를 삼학三學이라고 한다. 해탈향은 궁극적인 경지인 해탈열반을 말한다. 마지막의 해탈지견향은 해탈향 뒤에 붙어 얼핏 보면 마치 사족 같아 보이지만 불교의 색깔을 가장 잘 드러내고 있다. 불교는 바른 견해를 생명으로 삼고 있다. 그래서 오분향에서 가장 끝에 해탈지견향이 있는 것이다.

이후의 저녁예불은 아침예불과 동일하다.

4. 사시마지

사시마지를 삼보통청이라고 하는데, 불교의례 규범의 용어이고 일반적으로는 사시마지라고 하므로 사시마지로 기술한다. 불교예경의식 중에서 가장 중요한 의식이면서 널리 적용되는 의식이기도 하다.

사시마지는 먼저 『천수경』을 한 번 읽고 시작한다. 『천수경』이 끝나면 거불擧佛이라는 것을 한다.

거불이란 불법승 삼보의 찬란한 강림을 바라며 불법승 삼보에 목탁소리에 맞춰 세 번 절하는 것으로 되어 있다. "나무 불타부중 광림법회 나무 달마야중 광림법회 나무 승가야중 광림법회"이다. 광림법회光臨法會라는 말은 한자 그대로 빛이 임하는 법회라는 말이다.

거불이 끝나면 불보살을 청하는 보소청진언, 유치, 청사들이 이어진다.

삼보통청은 다소 방대하고 장황하여 일일이 다 말하기가 어려워 간단히 축약해서 설명하겠다.

사시마지는 말 그대로 부처님께 공양을 드리는 과정이다. 불보살을 청하고 주변을 깨끗이 하고서 부처님이 공양을 드시게 하는 것이다. 이때 하는 공양의식에서는 칠정례의 '지심귀명례' 구절 대신에 '지심정례공양'이라고 바꾸어 염불한다. 지심귀명례가 "지극한 마음으로 목숨을 다해 예를 올립니다."라는 말이듯이 지심정례공양은 "지극한 마음으로 머리 숙여 공양을 드립니다."라는 의미이다.

부처님께 공양을 드리고 그 공양을 마치고 나면 널리 일체중생에게 공양하고 공양의 공덕을 나누는 진언을 한다.

그 다음에는 정근精勤을 한다. 간혹 유치 청사 이후에 정근을 하기도 하지만 요즘은 대부분 부처님이 공양을 드신 후에 한다.

정근기도가 끝나면 대표하는 스님이 축원을 한다. 축원은 이루고자 원하는 것을 기원하고 발원하는 염불이다.

　정근과 축원 중에 신도들은 각자의 기도를 하며 절을 하는 것이
일반적이다.

　멋들어진 음성으로 스님이 부처님 전에 축원을 하고 나면 신중
단으로 마지를 옮겨 화엄성중님께『반야심경』을 한다.

　이렇게 하면 사시마지가 모두 끝이 난다.

　삼보통청은 매일 사시에 마지를 올리는 행위이지만 49재 의식
을 할 때도 상단을 보고 하는 부분에서는 거의 대동소이하게 진행
된다. 그래서 일반인들이 가장 많이 접할 수 있는 불교의례이기도
하다.

5. 축원

축원은 보통 스님 한 분이 혼자 한문으로 하기 때문에 일반인들이
그 내용을 잘 모르는 경우가 많다. 내용을 알면 좀 더 기도할 마음
이 난다.

　먼저 축원문 예를 적어보자.

앙고　시방삼세　제망중중　무진삼보자존　불사자비　위작증
仰告　十方三世　帝網重重　無盡三寶慈尊　不捨慈悲　僞作證

명　상래소수공덕해　회향삼처실원만　시이　사바세계　차사천
明　上來所修功德海　廻向三處悉圓滿　是以　娑婆世界　此四天

하 남섬부주 해동 대한민국 충청남도 천안시 동남구 광덕
下 南贍部洲 海東 大韓民國 忠淸南道 天安市 東南區 廣德

면 지장리 태화산 밀천사 청정수월도량 원아금차 지극지
面 地藏里 泰華山 密天寺 淸淨水月道場 願我今此 至極之

정성…
精誠

<일체중생과 개인기도 발원>… 연후원 항사법계 무량불자
                        然後願 恒沙法界 無量佛子

등 동유화장장엄해 동입보리대도량 상봉화엄불보살 항몽
等 同遊華藏莊嚴海 同入菩提大道場 常逢華嚴佛菩薩 恒蒙

제불대광명 소멸무량중죄장 획득무량대지혜 돈성무상최정
諸佛大光明 消滅無量衆罪障 獲得無量大智慧 頓成無上最正

각 광도법계제중생 이보제불막대은 세세상행보살도 구경
覺 廣度法界諸衆生 以報諸佛莫大恩 世世常行菩薩道 究竟

원성살바야 마하반야바라밀 나무석가모니불 나무석가모니
圓成薩婆若 摩訶般若婆羅蜜 南無釋迦牟尼佛 南無釋迦牟尼

불 나무 시아본사 석가모니불
佛 南無 是我本師 釋迦牟尼佛

　　축원문의 첫 구절에 나오는 "앙고 시방삼세 제망중중 무진삼보
자존 불사자비 위작증명 상래소수공덕해 회향삼처실원만 시이 사
바세계 차사천하 남섬부주 해동 대한민국 ○○○도 ○○시 ○○군
○○면 ○○리 ○○산 ○○사 청정수월지도량…"을 해석하면 "우
러러 고하나이다. 시방삼세에 계신 다함없는 삼보께서 자비를 버
리지 마시고 이 법회를 증명하여 주옵소서. 위에서 공덕의 바다가
내려오셔서 삼처三處에 원만하게 회향하여지이다."이다. 그 다음

의 글귀들은 사찰의 주소를 불러
주는 것이다.

공덕의 바다라는 말인 공덕해
는 달리 일러 불공덕佛功德이라고
도 하는데, 모두 한량없는 공덕을
지니신 부처님을 지칭하는 것이
다. 그러한 무량공덕이 삼처에 잘
베풀어지기를 바라는 구절이 회
향삼처실원만이다. 여기서 삼처란
보리菩提, 중생衆生, 실제實際인데
보리회향, 중생회향, 실제회향이
라고 한다.

축원하는 모습

회향廻向이란 말은 돌려준다는 의미라고 이해하면 된다. 그래
서 보리회향은 깨달음에 회향하는 것이고, 중생회향은 중생에 회
향하는 것이며, 실제회향은 실제에 회향하는 것을 말한다. 실제實
際는 진리의 세계를 말하는 것이다. 그러므로 깨달음과 중생과 본
질에 자신이 닦은 바를 모두 되돌려 회향한다는 말이며, 부처님의
공덕이 깨달음을 구하는 중생에게 널리 베풀어지기를 기원한다는
말이다.

부처님의 공덕이 엉뚱한 곳에 가면 안 되므로 불공덕이 임할 사
찰의 주소를 꼭 불러준다. 눈 오는 사찰의 아름다운 사진을 찍으

러 갔는데 근처에는 눈이 오는데 정작 사찰에 눈이 오지 않으면 좋은 풍경, 원하는 풍경을 찍을 수 없다. 헛걸음이 되는 것이다. 이처럼 헛기도나 공염불이 되지 않으려면 강림할 시공, 강림시공降臨時空을 정확히 불러주어야 한다.

그 이후에는 일체중생에 대한 축원이 이어지고 기도에 동참한 불자 개개인의 주소를 부르며 그들에게도 역시 부처님의 무량한 가피가 임하기를 바란다. 쉽게 설명하면 부처님의 공덕이 빛이라면 빛이 임할 자리를 일일이 알려주며 제대로 비춰주기를 소망하는 것이다. 그래서 축원은 축복과 소원으로 이루어진다.

축원의 마지막 부분은 불자들이 열심히 지혜를 닦고 널리 불법을 전하여 일체중생이 다 함께 불세계에 들어가 부처님을 친견하고 극락정토에서 행복을 다 같이 누리기를 기원하는 내용이다.

6. 절

불교의례에 가장 필수적인 요소가 절이다. 그래서 절에 대해서 알 필요가 있다. 우리들이 사찰에 가는 것을 흔히 절에 간다고 한다. 그만큼 절에 가면 절을 많이 한다는 말이지만 정작 제대로 절하는 법을 모르는 경우가 많다.

보통 절에 가면 한 번 절할 때 연달아 세 번을 절한다. 특히 부처님 전에서는 그렇게 하는데 삼보에 예경한다는 말이다.

절을 할 때 가장 먼저 하는 행위는 합장이다. 인도 인사법으로 이원적인 것들이 하나가 된다는 의미인데, 불교용어로 말하면 만법귀일萬法歸一이다. 합장을 하는 방법은 양손을 가슴 앞에서 가지런히 합치는 것이다. 이렇게 합장을 하고 무릎을 굽히며 절을 시작한다.

곧게 내려가 무릎이 땅에 닿으면 발을 살짝 겹치고 합장한 손을 풀어 먼저 오른손으로 땅을 짚고 다음에 왼손으로 땅을 짚는다. 손과 무릎이 모두 땅에 닿으면 몸통을 굽히며 고개를 땅에 닿을 정도로 숙여 절한다. 이때 주의할 것은 히프가 발에 충분히 닿아 있어야 한다는 것이다.

그리고 고개를 숙여 절을 한 상태에서 두 손바닥을 하늘로 가게 뒤집은 다음 두 손을 동시에 가지런히 귀까지 올려준다. 이것을 승어접불족이라고 하는데, 부처님의 발을 들어 올려주는 것이다. 그렇게 하고 두 손바닥을 내려놓고 절을 마치면 일어나는데, 일어날 때는 반대로 하면 된다.

이것은 오리지널 절이고 동작을 줄여 귀에 두 손을 올린 다음 그대로 손바닥을 땅으로 가게 바로 짚는 것이 일반적이다. 그리고 오른손 왼손을 번갈아 짚고 절하지만 두 손을 동시에 짚고 하는 경우도 많다. 이것도 모두 옳은 절이다.

그렇게 두 번을 하고 마지막 세 번째에는 특별한 동작이 하나 더 있는데 고개를 숙여 절을 한 상태에서 짚은 두 손바닥을 가운데로 모으며 고개를 살짝 들고 미간에서 합장을 시킨다. 그 이후 곧 합장을 풀고 다시 원래의 짚은 곳으로 손바닥을 인도하여 두 손을 땅에 짚고 예전으로 돌아온다. 앞에서 말한 고두례이다. 고두례 이후 일어날 때는 다른 절과 동일하다.

이것이 세 번 절하는 방법인데, 삼배 전과 삼배 후에 각각 합장을 하고 반배라는 것을 한다. 반배란 합장을 하고 선 채로 상체만 다소곳이 숙이는 절을 말한다. 그래서 삼배를 전체적으로 정리하면 합장 반배, 삼배, 합장 반배 순이다.

절에서 하는 절을 오체투지라고도 하는데 두 손과 두 발 그리고 고개를 땅에 닿게 하는 절이라는 말이다.

절은 예경이지만 전신운동이기도 하여 건강에 매우 유익하다고 알려져 있다. 단순한 동작으로 큰 운동효과를 볼 수가 있고 또 예경까지 할 수가 있으니 일석이조의 효과가 있다. 요즘 매스컴에서 삼보일배三步一拜를 하는 모습을 종종 보게 되는데, 세 걸음을 걷고 1배를 하는 방식이다.

때론 티베트처럼 전신을 땅에 대고 절하는 삼보일배도 볼 수가 있는데, 그것도 역시 오체투지라고 한다. 여기서 오체는 머리, 가슴, 팔, 다리, 배의 다섯 부분을 말한다. 두 손 두 발 다 드는 것이 아니라 사지와 몸통까지 모두 다 낮추는 것이니 공경과 겸손의 극치인 전신투지全身投地이다. 그래서 절은 육체적 행위이기도 하지만 마음을 하심下心하고 참회하는 정신적 행위이기도 하다.

〈절하는 오리지널 교범〉

1배;

1. 합장하고 선다

2. 30도 정도로 숙인다

3. 다시 바로 선다

4. 무릎을 꿇는다

5. 오른손을 짚는다

6. 왼손을 마저 짚는다

7. 절한다

8. 손바닥을 하늘로

9. 손을 귀 높이 정도로 든다

10. 손을 그대로 놓는다

11. 손바닥을 엎는다

12. 발꿈치를 세우고 일어선다

13. 왼손을 가슴에 든다

14. 오른손을 들어 합장한다   15. 그대로 일어선다

2배; 앞의 그림1, 그림2 반배를 빼고 나머지는 1배와 동일하다
3배; 1배의 그림3부터 그림10까지 하고 그림10 이후부터 아래 그림대
　　로 한다.

11. 양손을 모아 엄지를 미간에 댄다   12. 손을 벌려놓는다   13. 발꿈치와 몸을 세운다   14. 왼손을 가슴에 댄다

15. 오른손을 들어 합장한다   16. 기립한다   17. 반배한다   18. 기립한다

7. 공양

공양이란 널리 기른다는 뜻인데, 베풀어 널리 이롭게 하는 행위 일체를 가리킨다. 재물만이 아니라 재능도 모두 포함된다. 요즘은 노래를 불러주는 것을 음성공양音聲供養이라고 한다. 그리고『등신불』이라는 문학작품에 보이듯이 소신공양燒身供養이라는 것도 있다.

전통적 의미의 공양은 사종공양四種供養이다. 사종공양이란 의복, 음식, 침구, 의약품이나 탕약湯藥, 혹은 방사房舍를 말한다. 수행자가 수행하는 데 필요한 최소한의 것을 공양하는 것이 사종공양이다.

불교의 스님들이 단체로 하는 식사를 발우공양이라고 하는데, 발우공양은 음식쓰레기가 전혀 남지 않고 따로 그릇을 씻을 필요가 없다. 그 발우공양에서 공양의 의미가 잘 보인다. 발우공양 게송 중에 "이 음식이 어디에서 왔는가? 내 덕행으로 받기가 부끄럽네. 몸을 유지하는 약으로 삼아 도를 이루기 위해 이 음식을 받습니다."라는 것이 있다.

다른 사람에게 먹을 것을 주는 것을 절 집안에서는 최고의 복을 짓는 것으로 여긴다. 오죽했으면 절에 불이 나 모두 죽었는데 부엌 공양주가 가장 먼저 천상으로 올라가더라는 이야기가 있겠는가. 비단 음식공양만이 아니라 다른 여러 공양들로 중생을 구제하고 이익 되게 하는 것은 대복을 짓는 것이다.

8. 49재

인간의 삶 속에서 가장 중요한 의례가 관혼상제冠婚喪祭이다. 이 중에서 절반인 두 개가 제사에 관한 것이다. 자연히 절에서도 제사가 중요하게 여겨졌다. 절에서 하는 제사는 여러 가지가 있지만 이제 일반인들도 잘 아는 제사가 49재이다.

49재는 죽은 영혼이 49일 동안을 중음에서 떠돌며 환생처를 찾는다는 불교의 가르침 때문에 생긴 것이다. 보통은 일주일에 한 번씩 해서 일곱 번을 49일 동안 지낸다. 요즘은 간소화하여 처음 초재初齋와 마지막 제사인 49재만 하거나 아예 49재 하나만 하는 경우도 있다.

49재 의식은 총 4단계로 대별된다. 관욕, 지장청, 관음시식, 봉송이다. 관욕灌浴은 생전 영가의 업을 깨끗이 씻기는 의식이다. 지장청地藏請은 지옥을 관장하는 지장보살을 청하여 예경을 드리는 의식이며, 관음시식觀音施食은 관세음보살이 영가를 극락세계로 잘 데려가도록 음식을 베풀고 부처님의 법문을 들려주는 부분으로 흔히 제사라고 한다. 마지막으로 봉송奉送은 법당에서 나와 바깥에서 위패와 옷 등을 불사르며 영가를 보내드리는 의식이다.

불교에서 49재 때 하는 가장 중요한 핵심염불을 장엄염불莊嚴念

佛이라고 하는데 매우 듣기가 좋다. 2시간 가까이 제사가 진행되는 가운데 30분 정도 장엄하게 염불이 이루어지는 부분을 말한다. 나무아미타불을 염하며 요령과 목탁과 북이 하나가 되어 멋들어진 염불풍송을 한다.

불

불佛이란 부처님을 말한다. 원래는 석가모니불을 지칭하는 말
이었지만 후대로 가면서 여러 깨달은 이를 칭하는 고유명사가 되
었다. 그리고 삼신불 신앙이 생겨나 법신불, 보신불, 화신불이라는
개념도 생겨났다. 삼신불 신앙은 기독교의 삼위일체와 비슷하다.

법신불은 비로자나불이라고 불리는데 그야말로 근본적인 부처
님이다. 법신불法身佛은 영원한 존재의 본래불이라고 해서 구원본
불久遠本佛로 여긴다. 대일여래라고도 불리며, 밀교경전 중에 『대
일경大日經』이 있다. 이러한 비로자나 법신불을 모신 전각을 비로
전, 화엄전, 대적광전, 대광보전이라고 부른다.

보신불報身佛은 수행을 통해 그 과위를 성취하고 공덕으로 장엄
하여 세계를 이룩한 부처님인데 동방 유리세계의 약사여래, 서방
극락세계의 아미타불, 남방 환희세계의 보생여래, 북방 무우세계
無憂世界의 불공성취여래가 대표적인 보신불이다.

화신불化身佛은 천백억화신이라고 해서 석가모니처럼 중생계에

서 성불하신 부처님들이다. 보신불은 중생이 직접 친견할 수가 없다. 보살 지위에 올라야 친견이 가능하다. 그래서 중생이 친견할 수 있도록 중생에 응하여 천백억화신을 나투게 된다. 중생에 응하여 나타나므로 응신불應身佛이라고도 한다.

석가모니의 경우 연화장세계의 노사나불이 보신이다. 그래서 청정법신 비로자나불, 원만보신 노사나불, 천백억화신 석가모니불이라고 한다. 보리수 아래에서 깨달았을 때 석가모니는 보신불인 노사나불과 일체이다.

보신불과 화신불의 차이는, 화신불은 법을 지녔지만 동시에 육신을 지니고 중생계에서 육신의 생멸을 겪는다는 점이다. 굳이 말한다면 화신불이 지닌 불세계는 육신 안의 마음이며, 그 마음이 법신이며 보신이다. 육신 중생이 보리심과 서원을 발하고 수행하여 마침내 각심覺心에 이른다면 그 깨달음이 바로 수행의 보報가 된다. 화신불의 마음이 곧 보신報身이 되는 것이다.

대승불교에서 이러한 삼신과 사방불을 정연하게 배치한 것을 만다라라고 하는데, 그 만다라를 관상觀想하며 수행하는 것을 만다라 관법이라고 한다.

이처럼 부처님들이 후대에 다양해지긴 했지만 모두 석가모니불에 입각해서 등장하였다. 보신인 노사나불의 원어가 로차나인데 이는 비로자나의 비자를 떼어낸 것이다. 그래서 법신과 보신의 근원이 같다. 또 『화엄경』을 보면 석가모니불과 법신불 비로자나가 동일시되고 있으므로 법보화法報化 삼신은 모두 필요에 따라 석가모니불을 다양하게 해석한 것이라고 볼 수 있다.

이렇게 후대에 많은 부처님들이 대승불교권에서 생겨나게 된 이유는, 소승불교가 부처님의 법을 중심으로 삼아 지혜 일변도로 흐르면서 딱딱한 법보다 인격이 부여된 부처님들을 갈망하고 선호하는 경향이 후대에 강해졌기 때문이다. 무인격적인 보편적인 법의 부처님보다 인격적인 부처님에 대한 신앙욕구가 증대되어간 것이다.

법을 강조하면 하나가 되고, 인을 강조하면 셋이나 여럿이 된다. 법일인삼法一人三이다. 본질 중심으로 보느냐 현상 중심으로 보느냐의 차이에 의해 이러한 결과들이 도출된 것이다. 선종의 명구에 "보화비진료망연報化非眞了妄緣 법신청정광무변法身淸淨廣無邊 천강유수천강월千江有水千江月 만리무운만리천萬里無雲萬里天"이란 구절이 있다.

"보신불이다 화신불이다 라고 하는 것은 허망한 인연을 따라 생긴 것이다. 법신의 청정한 광명이 온 누리에 가득하니 천 개의 강에 천 개의 달이요 만 리 하늘에 구름 한 점 없이 푸른 하늘 그대로로다." 본질 중심, 법중 심으로 본 대표적인 구절이다. 그러나 현재 상황에 입각해 현상 중심, 인 중심으로 볼 경우에는 사뭇 달라진다.

현상에서는 석가모니가 생멸하는 육신을 가진 채 각심覺心을 지니고 있으므로 아직 생멸의 미진함이 있다고 보아 본래불로 여기기 어려우므로 화신불이라는 개념이 등장하게 되었다. 현상의 생멸상을 아직 염두에 둔 개념이므로 현상입장이라고 하는 것이다. 그런 의미에서 화신불 개념은 현상적인 파악이라고는 하지만 여전히 현상에 애착하고 있다.

법의 입장에서 보면 현상은 하나의 신기루 같고 태풍 주변의 구름과 같아 생멸을 하건 영생을 하건 별로 큰 의미가 없고 그저 하나의 연기적 현상일 뿐이다. 그래서 "보화비진요망연"이라고 한 것이다. 한마디로 법보화 삼신은 현상에 서서 법을 바라보고 깨달음을 바라보았기에 탄생한 것이다.

또 대승불교 운동이 안으로 자비심을 강조하며 밖으로 조불조탑造佛造塔의 형상 조성을 중시하였던 것도 법 중심法中心에서 인 중심人中心으로 더욱 옮겨가게 하는 시대적 촉진제 역할을 하였다. 이런저런 이유로 후대에 법의 부처님, 수행의 과보를 성취하여 세계를 이루신 부처님, 중생계에서 성불하신 부처님에 대한 교통정리가 요구되어 삼신불 신앙이 출현하게 되었다.

기독교의 경우 하나님이 인격신이면서 동시에 유일신으로 모두 인 중심이다. 그러나 불교의 경우는 법이 유일하고 법을 깨달은 인물들에 해당하는 부처님들이 한량없이 많아 법일인무량法一人無量이라는 특색을 가진다. 불교의 삼신불 사상은 근본적으로는 법에 바탕을 두고 현상마저 포용하면서 다채롭게 전개되고 있다.

어느 것이 옳고 그르고의 문제가 아니라 입장 차에 의해 자연스럽게 발생하는 사고차이이 다. 삼신불과 법신불 사고를 보면서 입장차가 사상의 흐름을 좌우하는 주된 요소임을 알 필 요가 있다.

과학의 경우도 아리스토텔레스의 경우 하늘과 땅의 법칙이 서로 다르다고 했지 만 근현대의 과학자들은 하늘과 땅과 우주 에 공통적으로 적용되는 보편타당한 법칙을 찾 아내는 것을 과학의 연구자세로 삼았다. 그런 과학의 입장에서 보 면 달은 흙과 암석 덩어리이지만 우리 지구에서는 은은한 달빛이 곧 달이며 그 달빛의 영향을 지구는 받는다. 지구 입장에서 본 달 과 달 자체가 서로 다른 것이다. 체와 작용의 차이가 분명히 존재 한다. 체와 원리를 규명하고 다시 관계에 의해 빚어지는 작용마저 종합적으로 밝혀낼 때 비로소 체용을 함께 잘 이해할 수가 있다.

그동안 인류는 동양의 풍수에서 보이듯이 지구와 지상과 자기 기준에 입각한 사고를 주로 하였다. 입장차를 바꾸어 보거나 입장 차를 이해하면 서로의 차이는 자연스럽게 극복할 수 있다. 이것이 삼신불이 가르치는 또 하나의 팁이다.

1. 석가모니불

석가모니는 인도 정반왕의 아들로 태어난 고타마 싯다르타이다. 태어날 때 전설적인 성군인 전륜성왕이 되거나 깨달은 부처가 될 것이라는 예언 때문에 왕인 아버지는 왕자가 성을 나가지 못하도록 하기 위해 사계절마다 놀 수 있는 궁전을 지어 잡아 두려고 하였다. 왕 스스로도 늘 건장한 모습으로 치장하고 늙고 죽은 이의 모습을 보이지 못하게 하였다.

석가모니불

성안에서만 살던 싯다르타가 어느 날 동쪽 문을 나서게 되었고 늙은 자의 모습을 보게 되었다. 그리고 남쪽 문을 나서 병든 자를 보았고, 서쪽 문을 나서 죽은 자의 모습을 보게 되었다. 그리고 북쪽 문을 나서 남루했지만 눈빛이 맑은 수행자를 만나게 되었는데 무엇을 하는 사람인가를 물었더니 생로병사를 극복하기 위해 수행하는 사람이라고 대답하였다. 이에 싯다르타는 생로병사에 대해 깊이 생각하게 되었고 어느 날 아버지에게 출가하게 해달라고 재촉한다. 아버지는 모든 것을 다 해줄 테니 출가만은 하지 말라고 하였고, 싯다르타는 그렇다면 늙고 병들고 죽지 않게 해달라고 하였다. 왕은 다른 것은 다 해줄 수 있으나 아무리 위대한 왕일지라도 죽음을 넘어설 수는 없다고 하면서 안 된다고 하였다. 이에 싯다르타는 어느 날 말을 타고 하인 하나를 데리고 성을 넘어 출가한다. 이렇게 네 문에서 생로병사를 보았던 것을 사문유관상四門遊觀相이라고 한다. 그리고 성을 넘어 출가한 것을 유성출가상踰城出家相이라 부른다.

석가모니 일대기를 팔상성도八相成道라고 하는데 도솔래의상兜率來儀相, 비람강생상毘藍降生相, 사문유관상四門遊觀相, 유성출가상踰城出家相, 설산수도상雪山修道相, 수하항마상樹下降魔相, 녹원전법상鹿苑轉法相, 쌍림열반상雙林涅槃相이다.

도솔래의상은 사바세계에 오시기 전에 도솔천에서 호명보살로 계실 때를 말한다. 비람강생상은 마야부인이 출산하기 위해 친정으로 가는 도중에 산고를 느껴 룸비니 동산에서 무우수 가지를 잡

도솔내의상 도솔천에서 머물고 있는 모습

비람강생상 룸비니 동산에 내려오는 모습

사문유관상 동서남북 문을 나서 생로
병사를 보는 모습

유성출가상 성을 넘어 출가하는 모습

설산수도상 설산에서 수행하는 모습

녹원전법상 녹야원에서 설법하시는 모습

수하항마상 보리수 아래에서 성도하는 모습

〈영암 도갑사 팔상성도 벽화〉

쌍림열반상 두 그루 사라수 나무 아래에서
열반에 드신 모습

고 출산한 것을 말한다. 사문유관상과 유성출가상은 말한 대로이다. 그렇게 성을 넘어 출가하여 패물을 모두 하인에게 돌려주어 되돌아가게 하였고, 홀로 길을 가던 중 거지를 만나 옷을 서로 바꾸어 입었다. 왕자와 거지의 이야기이다. 그리고 출가하여 설산에 들어 고행을 하는 시기를 설산수도상이라 하고, 보리수나무 아래에서 탐·진·치를 항복받고 성불하셨는데 그것을 수하항마상이라고 한다. 도를 깨닫고 나서 녹야원에서 다섯 수행자에게 처음으로 법을 설한 것이 녹원전법상이며, 40여 년의 긴 전법행을 마치고 두 그루의 사라수 사이에서 오른쪽으로 누워 열반에 드신 것을 쌍림열반상이라고 한다.

석가모니불의 탄생과 수행과 성도와 전법과 열반을 여덟 그림으로 표현하여 모신 곳이 있는데 팔상전八相殿이라 부른다. 팔상성도를 보며 한 번쯤은 자신의 일생도 몇 폭의 그림으로 그려보는 것도 좋은 일이다.

2. 아미타불

인간은 유한하다. 수명으로는 150세를 넘지 못하고 크기로는 3미터를 넘지 못한다. 시간과 공간, 즉 시공의 한계를 가지고 있는 것이다. 그래서 늘 무한을 꿈꾼다. 게다가 사바세계는 참아야 살 수 있는 고해인지라 극락에 대한 동경이 그칠 수 없는 곳이다. 이러한 시공의 제약을 넘어선 무한함, 고해를 벗어난 극락의 동경이 아미타불을 창조하였다.

아미타불은 아미타바와 아미타유스가 합쳐진 존재이다. 무량광無量光 무량수無量壽인데 수명과 빛이 무량하고 게다가 극락세계를 이루고 있어 중생의 동경과 신앙을 가장 많이 받은 부처님이다. 보신불이라 일반 중생이 친견하기가 어려우므로 보처인 관음보살이 인도하고 제도한다. 그리

아미타불

고 죽을 경우 그러한 제약이 사라져 사후에 아미타불을 친견하고 극락세계에 태어나기를 발원한다. 살아생전에 열심히 아미타불을 염하면 임종 시에 친견미타하고 왕생극락할 수 있다고 믿어 그러한 염불을 하는 신행단체가 봇물을 이루었다. 이렇게 중생들의 기도와 사랑을 듬뿍 받는 아미타불은 그 기원도 무척 오래되었다.

이집트 신화 파피루스에 보면 "해가 진 저 서방의 깊고 머나먼 곳에 빛과 광명과 안락으로 가득 찬 세상이 있다. 망자가 그 세계에 들어가고자 하면 케드 상태에 들어가야 한다." 여기서 케드 상태란 미련과 원망과 집착이 끊어져 마음이 평정된 경지를 말한다.

불교에서 49재를 지낼 때 망자가 원망을 버리도록 권하는 해원결解冤結진언이라는 것을 반드시 해주고 부처님의 법문을 듣고 마음에 집착이 없이 평안에 이르기를 유도하는데, 한마디로 케드 상태가 되도록 하는 것이다.

불교에서 아미타불 국토인 극락세계를 안양국安養國이라고 하는데, 안양安養이란 편안히 기른다는 의미이다. 우리들이 잠을 잘 때 편안한 가운데 피로가 회복되며 자양이 되는데, 이집트의 서방을 주관하는 밤의 신인 오시리스 국토도 이같이 안양과 안락이 넘치는 세계이다. 극락세계와 서로 일맥상통하는 바가 있는 것이다.

학자들은 아미타불이 중동의 태양신 사상에서 비롯되었다고 보지만 좀 더 자세히 고찰해보면 사후세계와 내세에 집착했던 이집트에서 그 원형이 분명하게 나타난다. 아미타불뿐만 아니라 오늘날 기독교의 유일신 사상도 그 기원이 이집트에 있다.

지금으로부터 3,300년 전 아케나톤이란 이집트의 왕이 만민에게 평등하게 빛을 주는 유일한 태양신을 숭상했는데 흔히 아톤신이라고 한다. 당시 다신교의 풍토 아래 아몬신을 숭상하던 이집트에게는 종교혁명이었고, 아케나톤은 자신의 종교적 이상을 위해 새로운 수도를 짓는다. 그러나 그로부터 몇 대가 지나지 않아, 우리에게도 익숙한 투탕카멘왕에 이르면 유일신 사상은 약화되고 다시 아몬신이 득세하게 된다.

아케나톤 이후 100년 정도 뒤의 왕이 그 유명한 람세스 2세인데, 그의 이복동생이 바로 모세이다. 람세스 2세 시대는 이집트 최고의 번영기였는데 철기로 무장한 히타이트와 16년간이나 싸웠다. 청동기로 철기와 싸워 이집트를 지켜낸 명군이었는데, 오늘날 시리아 지역을 포기하고 히타이트와 화해조약을 맺고 그 공주와 혼인하였다. 정실황후인 네페르타리를 비롯하여 왕비들에게서 52명의 왕자와 100여 명의 자녀를 두었다고 한다. 전쟁 후에는 신전 건설에 몰두하였다. 룩소르 신전은 유명하다. 그 외에도 람세스 왕조 시대에는 피라미드를 비롯하여 신전 건설이 많았는데 주로 유대인들이 신전을 건설하였다.

　모세도 신전 건설의 책임자로 많은 유대인과 관계를 맺고 있었다. 노예의 신분이 주를 이루었기에 아케나톤이 세운 수도인 아케타톤 인근에서는 비록 아케나톤이 죽고 100년 뒤 수도가 다시 옮겨졌지만 여전히 만민평등의 유일신 신앙이 잔존하고 있었다. 유대인들과 모세가 충분히 유일신을 접할 수 있었다. 모세와 유대인들은 그 유일신으로 무장하고 이집트로부터 벗어나 자신들의 종교적 이상을 자신의 고향에서 꽃피우고 싶어 하였다. 이것이 유명한 출애굽기이다. 애굽은 이집트를 말한다. 그러나 모세가 시내산에서 십계명을 받아오는 순간에도 여호수아를 비롯하여 많은 유대인들이 이집트의 축제인 황금송아지 축제를 그대로 하고 있었다. 그리고 가나안으로 돌아오고 나서도 여러 왕조를 어렵게 거치며 마침내 번영의 시대를 열었던 솔로몬왕의 시절에도 유대인들은 유일신만을 믿지 않았다. 그러다가 신바빌로니아가 세워지고 그 유명한 느브갓네살이 왕이 되었다. 그는 장대한 중동을 통일하고 이집트마저 복속시키고자 그 길목에 있는 이스라엘에게 자신들과 함께 전쟁에 참여할 것을 요구하였다.

피라미드를 건설하던 고대부터 이집트와 거래가 깊었던 이스라엘은 이 요구를 거절했고 바빌론의 왕은 이스라엘을 쳐들어가 유대신전을 무너뜨리고 왕의 눈을 뽑고 수많은 이스라엘 백성들을 바빌론으로 끌고 가 바벨탑과 공중정원을 짓도록 하였다. 이것을 바빌론 유수라고 부르는데, 그렇게 끌려가 바빌론의 강가에서 그들의 신세를 한탄하고 고향을 그리워하는 내용이 시편에 나온다. 그리고 그 시편의 내용을 현대에 음악으로 만들었는데 바로 유명한 〈리버스 오브 바빌론〉이다. 바빌론 유수를 계기로 유대인들은 크게 반성하는데, 이스라엘 민족의 고난은 그동안 말로만 하고 유일신을 제대로 믿지 않았기 때문이라고 제사장들이 결론을 내렸다. 그래서 그때부터 이스라엘은 온전히 여호와 하나님을 믿게 되었다. 바빌론시대가 지금으로부터 2,600년 전이므로 유일신을 천명한 지 1,000년쯤 뒤였다.

바빌론을 페르시아가 멸망시켰는데 페르시아는 아후라마즈다라는 유일신을 믿는 조로아스터교를 국교로 하고 있었다. 그래서 유일신을 믿는 유대를 관대하게 대했고 그 페르시아 시대를 거치면서 유대교가 유일신교로 완전히 정립되었다.

홍천 건봉사 아미타불

예산 대련사 극락전

이런 이야기를 하는 이유는, 종교사상의 기원이 이동이 심하며 발달과정이 매우 복잡하게 전개된다는 것이다. 아미타불 신앙도 유일신 사상처럼 기원이 깊고 매우 폭넓은 지역을 거치며 발달하였다. 그리고 수행을 중시하는 불교에 와서는 개인의 서원과 내적 수행이 다시 첨가되어 강조되었다.

구체적으로 살펴보면, 아미타불은 법장비구로 수행할 때에 보리심을 발하고 48서원을 세웠다. 그중 가장 널리 알려진 서원이 자신의 이름을 열 번만 일심으로 부르면 그리도 원하는 극락세계에 태어날 수 있게 해주는 것이다. 십념왕생원十念往生願이라고 하는데, 그야말로 접근성을 최대한 편리하게 한 서원인지라 죽은 자를 위해서 지금도 극락왕생을 발원하며 아미타불 염불을 스님들이 꼭 해준다. 근본을 어려운 공空으로 설하기보다 근본인 열반세계를 극락이라는 가고 싶은 곳으로 장엄해서 고해중생들에게 이야기하므로 석가모니불보다 오히려 아미타불을 더 숭상하였다.

아미타불을 보면 역사적인 인물보다 인간 내면의 이상이 더 종교에 크게 작용하는 것을 볼 수 있다. 역사적 인물인 석가모니불은 그러한 인간 내면의 종교적 이상을 피어나게 하는 역할을 하였다. 기독교에서도 마찬가지인데, 예수라는 역사적 인물은 자비의 상징인 성모 마리아 신앙을 이끌어냈다.

종교는 씨앗과 같다. 내면의 이상이기 때문이다. 또 종교는 초목과 같다. 모든 지역에서 어디에서나 비가 오면 자라나기 때문이다. 그러므로 자신의 내면과 세상 모든 곳에서 신성과 불성을 발견하는 자가 순수한 영혼이다. 아미타불이 가르치는 것이다.

3. 약사여래

약사여래는 아미타불이 서방정토를 주관하는 것과 달리 동방유리광세계를 주관하는 부처님이다. 그래서 약사유리광여래라고도 한다. 해가 지는 방향인 서방은 이승이 닫히는 방위라 내세를 주로 기원하고, 동방은 해가 뜨며 하루가 열리는 방위라 현세의 안녕을 주로 기원한다.

　손에 약함을 들고 중생의 병을 치료하고 고통을 없애주는 아주 현실적인 부처님이다. 약사여래 역시 다른 부처님처럼 보리심과 서원을 발하여 부처님이 되었는데, 약사여래의 12대원을 보면 현세구복적인 경향이 강하게 나타난다. 약사여래 12대원이다.

① 광명보조: 나와 남의 몸이 광명이 치성하게 하려는 원.
　光明普照
② 수의혹변: 위덕이 높아서 중생을 모두 깨우치려는 원.
　隨意或辨
③ 시무진물: 중생으로 하여금 베풂에 재물이 부족하지 않게 하려는 원.
　施無盡物
④ 안립대승: 일체중생으로 하여금 대승교에 들어오게 하려는 원.
　安立大乘

⑤ 구계청정 : 계戒를 구족하여 깨끗한 업을 짓게 하려는 원.
　　具 戒 淸 淨

⑥ 제근구족 : 모든 불구자의 몸을 구족하게 하려는 원.
　　諸 根 具 足

⑦ 제병안락 : 병자의 병을 제거하여 몸과 마음을 안락하게 하려는 원.
　　除 病 安 樂

⑧ 전녀득불 : 여성이 불리한 조건으로 성불할 수 없다면 남성으로 변
　　轉 女 得 佛　하여 성불케 하려는 원.

⑨ 안립정견 : 외도의 유혹에 빠지거나 외도의 속임수에 넘어가는 자가
　　安 立 正 見　있다면 바른 길로 인도하여 부처님의 정법에 의지하도록
　　　　　　　　하겠다는 원.

⑩ 제난해탈 : 나쁜 왕이나 강도 등의 고난으로부터 중생을 구제하려는 원.
　　除 難 解 脫

⑪ 포식안락 : 일체중생의 배고픔을 면하게 하려는 원.
　　飽 食 安 樂

⑫ 미의만족 : 의복이 없는 사람에게 좋은 옷을 얻게 하려는 원.
　　美 衣 滿 足

약사여래

_『선밀』에서 퍼옴

　12대원을 보면 얼마나 약사여래가 중
생의 현세적 고통을 없애주고 안락을 얻
게 하고자 하는지 잘 엿볼 수 있다. 그래
서 한반도의 동쪽 지역에서 많이 숭상되

었다.

약사여래 12대원에 맞춰 약사 12신장이 있는데 흔히 12간지의 동물로 표현한다. 약사여래의 좌우보처가 일광日光보살, 월광月光보살이고, 북두칠성의 꼬리별을 약사여래로 여기는 것을 보면 지구 하늘세계를 불세계佛世界로 보았던 것으로 보인다. 북두칠성의 꼬리별은 저녁 술시에 관찰하면 12방위를 가리킨다. 그리고 봄에는 동방을 가리키고 여름에는 남방을 가리키며, 가을에는 서방을 가리키고 겨울에는 북방을 가리키며 계절을 알려준다. 그래서 과거에는 북두칠성이 시간과 달력 역할을 하였기에 인간의 수명을 관장한다고 여겼다. 우리의 삶과 무척 밀접하다.

이처럼 지구의 모습과 우리의 현실을 그대로 반영한 것이 약사신앙이다. 기도처로 유명한 대구 팔공산 갓바위의 부처님이 약사여래이다.

4. 미륵불

미륵불은 다른 부처님들과 달리 사바세계와 인연이 있는 부처님이다. 그래서 석가모니 부처님 다음에 사바세계에 오는 미래의 부처님이다. 석가모니 부처님이 열반에 든 뒤 56억 7,000만 년이 지나면 이 사바세계에 출현하는 부처님이다.

미륵반가사유상

이천 어석리 미륵입상

부처님이 세상에 태어나면 우담바라라고 하는 꽃이 핀다고 한다. 일설에는 석가모니 부처님이 입멸한 후 3,000년이 지나면 미륵불이 출세한다고도 한다. 미래는 다가올 내세이고 누구나 희망을 선호하므로 앞으로 오실 부처님인 미륵불에 대한 신앙이 많이 행해졌다. 게다가 미륵불은 자씨불慈氏佛이라고도 하는데, 말 그대로 자비로운 부처님이라 중생들을 기대에 가득 차게 하였다.

미륵불은 3회 설법으로 사바세계의 일체중생을 제도한다고 알려져 있는데, 그러한 미륵불이 출세할 즈음엔 인간수명이 무척 길어지고 세상이 평화롭다고 한다. 그리고 미륵불이 이루는 세계는 땅이 유리처럼 맑고 평평하며 온갖 꽃과 향기로 뒤덮여 아름답기 그지없다고 한다. 그러한 미륵불의 세계를 용화세계龍華世界라고 한다. 용화세계는 우리가 사는 지상에 이루어지는 극락세계이다.

한반도에서는 서편인 백제지역에서 많이 숭상되었다. 다가올 아름다운 미래의 내세를 꿈꾸며 백제인들은 서산 마애불, 임천 대조사 미륵불, 논산 관촉사 미륵불, 익산 미륵사지 등을 건립하였

홍성 미륵사 미륵불

다. 그리고 태조 왕건이 천안부로 만들기 전에 천안과 아산의 옛 이름이 도솔천인데, 도솔천은 현재 미륵 부처님이 거하시는 곳이다. 절에 가서 법당에 들어가 닫집을 쳐다보면 적멸보궁 위 제일 상단에 도솔천 내원궁이라고 한자로 적혀 있다. 적멸보궁은 이미 왔다 가신 석가모니 부처님의 입멸처入滅處이고 그 위의 도솔천 내원궁은 앞으로 오실 부처님인 미륵불의 거주처이다. 용화사나 도솔사 등등의 사명도 모두 미륵불과 연관이 있는 곳이다.

미륵불은 다른 부처님들과 달리 매우 서민적인 불상이 많다. 아마도 어려운 서민들이 현재의 어려움에서 희망을 꿈꾸며 보다 나은 내세의 삶을 기약하는 마음이 깊은 까닭에 미륵불을 면면히 많이 신앙한 데서 서민적인 불상들이 많이 조성되었으리라 본다.

　미륵불은 미래에 오실 부처님이라 그런지 불상의 형태가 석가모니불처럼 가부좌 자세를 취하고 있는 것이 아니라 서 있는 입상의 모습이나 로댕의 생각하는 사람처럼 반가부좌로 사색하는 자세를 취하고 있다. 반가사유상이라고 하는데, 손을 옆 이마에 살짝 짚고 고요한 표정에 깊은 상념에 젖은 모습이 무척 예술적이라 우리나라와 일본 모두에서 국보 문화재이다.

보살

보살은 앞에서 말한 대로 대승불교의 이상적인 인간상이다. 위로는 부처님을 받들며 깨달음을 구하고, 아래로는 일체중생을 보살피며 자비를 실천하는 존재이다. 법당이나 전각에 들어가면 부처님의 좌우에서 부처님을 협시하고 있는 경우가 많다.

석가모니불을 협시하고 있는 보살은 문수보살과 보현보살이며, 아미타불을 협시하고 있는 보살은 관음보살과 대세지보살이다. 그리고 약사여래를 협시하고 있는 보살은 일광보살과 월광보살이다. 미륵불은 대묘상보살과 법화림보살이 협시하고 있다.

그리고 보살을 주존으로 모신 전각의 경우 각 보살을 협시하는 존자들이 있다.

유명한 보살이지만 주존불主尊佛이 마땅하지 않은 보살이 지장보살인데, 너무 중요한 보살이므로 아미타불의 우보처右輔處인 대세지보살을 빼고 지장보살로 대체하여 관음·지장 양대 보살로 아미타불을 협시하게 하는 경우가 많다.

1. 문수보살

문수보살은 지혜의 상징으로 불교의 보살 중에서 상수上首보살이다. 석가모니 부처님을 좌측에서 협시하는 좌보처이다. 만수시리 또는 만주슈리라고 하며, 묘길상妙吉祥이라고도 한다. 오늘날 만주의 지명이 이 문수사리에서 기원하였다.

중국과 한국의 오대산에서 1만의 보살과 함께 교화를 펼치고 있다고 여겨 오대산 상원사는 대표적인 문수도량이 되었다.

지혜를 상징하는 보살이지만 동시에 부처님이기도 하다.『천수경』에 나오는 환희장마니보적불이 바로 문수보살이다. 번뇌를 끊어버린다는 의미로 푸른 청사자를 타고 칼을 들고 있는 경우가 있다.

본각사 문수보살

2. 보현보살

보현보살은 행원行願과 덕을 상징하며 석가모니 부처님을 우측에
서 협시하는 우보처이다. 또 중생을 보살피고 그 수명을 길게 하
는 보살이어서 달리 연명보살延命菩薩이라고도 한다. 상아가 6개
인 흰 코끼리 백상白象을 타고 있다.

　보현보살은 석가모니를 협시하는 보살이지만 그 의미가 확대되
어 밀교에서는 우주의 본신으로 여기기도 한다. 금강살타와 동일
시되어 만다라그림에 등장한다.

본각사 보현보살

3. 관세음보살

간단하게 관음보살觀音菩薩이라고도 부른다. 극락세계 아미타불의 좌보처이다. 그래서 아미타불을 모신 전각에서 아미타불과 늘함께 등장한다. 대자대비의 상징으로 전 세계와 한국에서 가장 많이 숭상 받는 보살이다. 중생의 소리를 듣고 가지가지 모습과 방편으로 그 소원을 들어주는 보살이라 기도를 할 때 주로 관세음보살을 염念한다.

불교의 말 중에 살아서는 관음, 죽어서는 지장이라는 말이 있다. 그러나 관음보살이 극락세계 아미타불의 좌보처이다 보니 돌아가신 영가를 극락세계로 천도할 때 가장 중심이 되는 보살이므로 제사의식이나 천도재를 관음시식觀音施食이라고 부른다. 살아서도 관음, 죽어서도 관음인 것이다. 그만큼 불교신행에 큰 영향을 지니고 있다.

천 개의 눈과 천 개의 팔로 모든 곳에 임하며 중생의 소원을 들어주는 대승불교의 이상인 상구보리 하화중생의 미덕을 가장 잘 실천하는 보살이다. 이렇게 모든 곳에 임하여 모든 곳을 살피는 관음보살과 같은 존재가 몸에 하나 있는데 바로 손이다. 손은 요가나 운동을 좀 하면 신체 어디에나 미칠 수 있고 어디에나 보살필 수 있다. 그리고 인체의 심폐心肺도 자나 깨나 숨 쉬고 맥박 치며 인체를 위해 일한다. 해가 서산에 지는 것처럼 뇌는 잠들기라

1	2
	3

1 · 2 관세음보살
3 금강대학교 백의관음

도 하지만 심폐는 계절처럼 태어나서 죽을 때까지 단 한 번도 쉬지 않는다. 우리 몸에서 낮과 밤인 하루가 정신이 되어 있고 한서寒暑, 즉 열의 순환인 사계절이 가슴이 되어 있다. 하루가 곧 정신이요, 가슴이 곧 계절이다. 정신과 가슴이 자연을 모사하고 있는 것이다. 물론 배는 대지이다. 이것을 깨닫는다면 그는 수행 시에 엄청난 진전을 얻는다. 그 심폐보살이 바로 몸의 관음보살이다.

불자들은 『천수경』의 영향으로 천수천안 관세음보살을 가장 많이 알고 있다. 그런데 동양불교만이 아니라 서구에도 천 개의 눈과 귀를 가진 미트라라는 신이 있다. 로마에 기독교가 전래되기 전에 믿던 신의 이름이다.

원래는 인도에서 비롯되어 오늘날 중동으로 가서 알렉산더 시절에 무적의 태양신으로 불리었고, 조로아스터교를 믿었던 페르시아에서는 심판의 날에 정의의 편이 승리하도록 하는 신이다. 기독교와의 대립으로 인해 지금은 거의 남아 있지 않지만 천수천안 관음보살상과 닮은 천 개의 눈과 귀를 둥글게 나열한 신상들이 간혹 영화에 나오기도 한다. 미트라는 동정녀에게서 돌 동굴 속에서 태어났고 신의 아들이었으며 죽고 나서 3일 만에 부활한 존재다. 그의 생일은 12월 25일 동지이다. 지금 동지는 12월 22일이지만 로마시절에는 12월 25일이 미트라를 기리는 동지절冬至節 축제시기였다.

미트라와 함께 등장하는 것들은 소와 돌 동굴과 태양과 십자가

이다. 로마의 군장들이 동굴 속에서 무적의 태양신인 미트라를 많이 믿었다. 로마에서 십자는 영생불멸을 상징했는데 군인들이 가슴의 십자교차 인사를 하며 승리와 불멸을 다짐하였다. 주로 왼손에 방패를 들고 있었으므로 오른손 주먹을 쥐고 왼쪽 가슴에 붙이며 인사하는데 외국 영화에서 많이 볼 수 있다. 지금 기독교의 상징물 중에 돌과 십자가가 포함되어 있다.

기독교를 로마에서 공인한 황제가 콘스탄티누스 대제인데 그도 미트라 신봉자였다. 그러다가 황제로 오르는 과정에서 있었던 체험으로 기독교를 신뢰하였고, 또 제국의 분열을 막고자 나중에 니케아 공회의를 통해 기독교를 국교로 공인하였다. 이 부분은 영화「다빈치 코드」에 등장한다. 당시 다수파와 소수파의 논쟁이 있었는데, 다수파는 예수가 신의 아들이라고 여겼고 소수파는 인간의 아들이라고 여겼다. 결국 다수파의 의견에 따라 예수가 신으로 인정되어 삼위일체가 정립되었다. 물론 당시의 정리는 불완전했고 논쟁의 여지를 더 촉발시키기도 하였다. 나중에 콘스탄티노플 회의 때 제대로 정립된다. 콘스탄티누스 대제는 다수파와 소수파에 의한 제국의 분열을 가장 우려하였다. 정작 본인은 그동안 세례를 받지 않고 있다가 죽을 때 아리우스의 세례를 받고 죽었다고 한다.

이렇게 로마 기독교, 즉 가톨릭이 정립되고 이후 로마는 기독교 통치로 전환된다. 이 과정에서 당시 로마에서 믿고 있던 미트라교의 영향이 기독교에 그대로 전승되는 일이 많았다. 대표적으로 유대인들은 안식일이 토요일인데 로마에 와서는 일요일에 교회를 가는 것으로 변경되었다. 이는 일요일이 태양일이라 미트라를 위한 날이었기 때문이다. 그리고 지금 가톨릭의 미사를 보면 성체의식이 있는데 그 성체가 태양을 상징하는 것이다. 그리고 황금색의 의례복식도 태양의 색이다. 한마디로 무적의 태양신 미트라를 사랑의 사신인 예수로 대체한 것이다.

로마의 기독교 공인은 인류사에 큰 혁명이었는데, 전쟁터에서 용감하게 죽으면 용사의 천국에 태어난다는 신화적인 용사의 신

화염관음

앙을 가지고 있던 당시 유럽이 전쟁영웅의 종교에서 사랑과 감성의 종교로 대전환한 사건이었다. 로마에서 미트라의 잔재를 지우기 위해 교회가 엄청 노력했고 또 가혹하게 파괴했지만 지금 기독교 곳곳에 많이 남아 있다. 인도에서 건너가 로마에까지 도달한 미트라가 천 개의 눈과 귀를 가진 무적의 태양신이 되었다면, 인도에서 건너와 천수천안의 자비로운 여성신이 된 존재가 관세음보살이다.

천 개의 눈으로 살피고 일체중생의 소리를 듣는 능력을 지닌 관음보살은 티베트를 지나면서 버드나무와 보병을 지닌 존재로 변모한다. 버드나무와 보병의 물은 생명을 상징한다. 버드나무는 가장 빨리 물을 흡수하여 푸르게 되고 가장 늦게 단풍이 든다. 그리고 수중에서도 잘 자란다. 티베트에 가면 아예 강 속의 진창에 버드나무를 대량으로 심어 놓은 장면을 많이 볼 수가 있다. 빛이 아니라 태양이 아니라 물의 화신이 된 것이다. 버드나무와 보병이 관음보살의 그림이나 탱화에 꼭 등장한다. 그리고 그 물을 흘리면 아기가 태어나는 모습의 그림들도 많다.

보살은 중성격中性格이지만 동양의 관음보살은 보살 중에서도 유별나게 여성성이 많이 강조되고 있다. 천수천안천이千手千眼千耳가 동서로 갈라지며 그 성격이 판이하게 달라진 것이다.

천 개의 눈과 손을 가지고 일체의 소리를 듣고 감응하는 관음보살은 이근원통耳根圓通이라고 해서 소리를 듣고 깨우친다. 그래서

타라 여신

파도소리가 들리는 바닷가에 관음사찰을 세우는 경우가 많다. 중국은 해남도가 관음성지이며, 우리나라에도 동해·서해·남해에 3대 관음도량이 자리하고 있다. 동해 낙산사, 서해 보문사, 남해 보리암인데, 동해 낙산사 홍련암에 가면 법당 바닥에 구멍이 뚫려 있다. 관음보살의 이근원통을 표현한 것이다. 그리고 관음보살이 있는 전각을 역시 이근원통의 원통을 따서 원통전 또는 원통보전이라고 한다.

이러한 관음보살은 백의관음白衣觀音, 성관음聖觀音이 본존이며, 잘 아는 천수천안을 비롯하여 42수관음, 십일면관음, 마두관음, 불공견색관음 등등 나머지 수많은 변화관음變化觀音들이 있다. 그리고 다시 관음의 눈물이 떨어져 이룬 타라 여신들도 수없이 많다. 모두 일체중생을 제도하기 위한 관음보살의 대자비심과 열망과 서원에 의해 나타난 관음들이다.

4. 대세지보살

관음보살이 자비의 상징이라면 대세지보살大勢至菩薩은 지혜와 큰 힘의 상징이다. 줄여서 세지보살이라고도 한다.

관음보살이 중생의 모습과 근기에 맞춰 모습을 나타낸다면 대세지보살은 찬란한 빛을 방사하며 자기주도형으로 나타난다. 한 번 발을 구르면 마궁魔宮이 우르르 붕괴된다고 할 정도로 강력하다.

관음보살이 너무 인기가 있는지라, 비록 아미타불의 우보처이지만 그리 많이 신행되지는 않는다. 그래서 한국 사찰에서는 찾아보기가 어려운 보살 중 하나이다. 하지만 관음보살과 늘 짝이 되어 경전이나 기도문에 등장하므로 중요한 보살이다.

보병을 머리에 인 대세지보살

5. 지장보살

지장보살은 4대 보살 중 한 분으로 지옥 중생을 구제하는 보살이다. 별도의 보살이라고 할 수 있어 보처보살은 아니며 다만 미륵불이 출세할 때까지 중생제도를 맡은 보살이다. 그래서 무척 중시되어 관음보살과 함께 부처님의 보처로 모신 사찰이 많고 별도로 지장전을 지어 모시는 경우도 많다.

존상의 모습은 스님의 형상이며 손에는 마니구슬을 들고 육환장을 쥐고 있다. 육환장은 자비와 공덕의 상징으로 흔히 소림사 고승이 들고 다니는 것이다. 짚고 다닐 때 땅을 울려 벌레들이 미리 피하게 일깨우고, 걸식을 할 때 시주자들에게 스님이 온 것을 알리는 공양법구이기도 하다.

지장보살의 좌우를 협시하는 분은 도명존자와 무독귀왕인데, 지장전에 가면 지장보살 옆에 가장 가까이 서 있는 분들이다. 그리고 지장보살은 열 시왕을 거느리고 있는데, 지옥에서 망자를 심판하는 열 분의 대왕들이다. 「신과 함께」라는 영화에 보면 각 지옥을 관장하는 열 시왕들이 나온다. 이 중에서 제5전의 염라대왕이 일반인들에게 가장 알려져 있는데, 염라대왕은 망자의 생전을 모두 비춰볼 수 있는 업경대라는 거울을 가지고 있어 염라전에 가면 생전의 행위가 모두 드러난다.

중국에서는 구화산이 지장도량이며, 한국에서는 4대 지장도량이 존재한다. 고창 선운사 도솔암, 철원 심원사 석대암, 서산 상왕산 개심사, 전북 완주의 송광사이다. 그리고 천안의 광덕사를 넣기도 한다. 또 저승에 가면 염라대왕이 고운사를 갔다 왔느냐고 물어본다고 할 정도로 의성 고운사도 매우 중요한 지장도량이다.

제사를 중시하였던 조선시대에 많은 『지장경』이 출판되었는데, 세종대왕의 딸인 정의공주가 남편 안맹담의 극락왕생을 발원하며 편찬한 『지장경』이 대표적이다.

영평사 지장보살

화엄성중

화엄성중華嚴聖衆은 중단에 있는 신중神衆들을 말한다. 예적금
강穢跡金剛이 주존으로 있거나 동진보살이 주존으로 있다. 예적금
강은 달리 부정금강不淨金剛이라고도 하는데 더러울 예穢와 부정
不淨이란 단어는 서로 같은 의미이다.

예적금강은 한마디로 더러움을 제거해주고 부정 타지 않게 해
준다는 말이다. 머리 셋에 성난 눈을 가졌다고 해서 삼두노목三頭
怒目이라고 한다. 삼두노목에다 몸과 몸 주위에 불길을 뿜으며 해
골을 목에 두르고 여덟 개의 팔을 지닌 팔비신八臂神이라 일반인
들이 보면 무서워하는 경우가 있다. 악인이나 악물을 벌벌 떨게
하고 마음속의 악심을 두려움에 사로잡히게 하여 바로잡는 권능
이 있다.

예적금강 좌우에는 제석천과 범천이 자리하고 그 외에 위태천
과 팔금강八金剛이 함께하며 나머지 신장들이 권속으로 둘러싸고
있다. 이들 총합한 숫자가 104이므로 104위 화엄성중華嚴聖衆이라

영평사 예적금강 주존
화엄신중도

대자암 동진보살 주존
화엄성중도

고도 한다.

흔히 범천梵天과 제석천을 잘 구분하지 못하는 경우가 많은데, 범천은 욕계欲界보다 위인 색계色界의 첫 하늘인 초선천初禪天의 왕이다. 대범천왕이라고도 하는데, 우리가 사는 사바세계를 만든 왕이므로 사바세계주娑婆世界主 또는 사바계주라고도 부른다. 제석천은 말한 대로 욕계2천인 도리천의 왕이다. 도리천은 하늘이 아니라 땅에 있는 하늘이기에 지거천地居天이라 지거세주地居世主라고 한다. 범천과 제석천은 신중탱화에서 예적금강의 좌우에 등장하지만 불경에도 매우 많이 등장하므로 좀 정확히 알고 구분할 필요가 있다.

그리고 절에 가 보면 예적금강이 주존이 아니고 날개 달린 투구를 쓴 동진보살이 주존으로 있는 신중탱화도 많은데, 동진보살은 도량을 엄숙히 하는 권능을 지니고 있어 중국에서는 입상으로 세워 도량 쪽으로 향하고 있는 경우가 많다.

동진보살의 연원에는 설이 두 가지이지만 여기서는 그중 한 가지만을 설명하도록 하겠다. 불법을 수호하는 신으로서 위타천韋陀天, 위태천신韋汰天神이라고도 하는데, 4천왕四天王 중 남방 증장천增長天의 8장군 중 하나로 32천의 우두머리이기도 하다. 위타천은 원래 인도 시바신의 아들로 스칸다이다. 부처님의 좌선수행을 도와주고 불교에 귀의하여 위타천이 되었다. 위타천은 용맹하고 민첩하기 이를 데 없는 전사인데, 그래서 그런지 갑옷과 날개 달린

삼별초로 추정되는 오키나와 류큐국 초대 왕묘 불보살신중도

투구를 쓰고 있다.

신중들은 불법을 떠나지 않고 지키겠다는 서원을 세웠기에 신중기도를 할 때 "나무 불법문중 불리수호 화엄성중 南無 佛法門中 不離守護 華嚴聖衆"이라고 기도한다. 신중들이 불법을 떠나지 않고 지키면서 불법의 이치를 알고 싶어 했으므로 예불 시에 스님과 불자들이 늘 신중단을 보고 불법의 정수인 『반야심경』을 읽어 준다.

나한

나한羅漢은 아라한의 준말로 소승의 이상적인 인간상이다. 계율을 지키며 불도를 닦아 고해를 해탈하고 탐·진·치를 완전히 소멸하여 열반에 이른 존재이다. 부처님 당시에 1,250인의 아라한이 있었다고 한다. 그중에 중요하게 여기는 500명을 오백성五百聖이라고 하는데 예불문에도 나온다.

소승은 수행의 단계를 4단계로 분류했는데 흔히 소승 4과四果라고 한다. 수다원, 사다함, 아나함, 아라한인데, 수다원은 수행의 흐름에 본격적으로 들어간 단계이다. 그래서 예류預流 또는 입류入流라고도 한다. 사다함은 일래一來라고 하는데 수행에서 한 번 물러설 수 있는 단계이다. 번뇌를 아직 완전히 끊지 못했기 때문에 천상락天上樂에 이르렀다가 다시 인간계로 와서 열반의 경지를 얻으므로 일래라 한다. 아나함은 불환不還이라고 하는데 욕계의 욕구를 모두 끊어 다시는 욕계로 돌아오지 않고 색계와 무색계에 이른 단계이다. 아라한은 더 이상 배울 것이 없어 무학無學이라고 한다. 무학대사의 무학이 바로 아라한을 말한다. 아라한은 달리 일러 응공應供이라고도 하는데, 마땅히 공양을 받을 만한 이라는 말이다. 일체의 번뇌와 집착을 끊어 삼계를 완전히 해탈한 존재이기 때문이다. 석가모니 부처님을 대아라한이라고 부른다.

광흥사 나한상

십대제자

십대제자는 부처님의 제자 1,250인 중에서 가장 뛰어난 열 분을 말한다. 『유마경』에 나타나는데 지혜제일智慧第一 사리불舍利佛, 신통神通제일 목건련目健連, 두타頭陀제일 마하가섭摩訶迦葉, 천안天眼제일 아나율阿那律, 다문多聞제일 아난다阿難陀, 지계持戒제일 우바리優婆離, 설법說法제일 부루나富樓那, 해공解空제일 수보리須菩提, 논의論議제일 가전연迦旃延, 밀행密行제일 라훌라羅喉羅로 분야별 10인이다.

1. 사리불

십대제자 중에서 지혜제일 사리불이 가장 상수上首인데, 부처님보다 나이가 많았던 탓에 먼저 세상을 떠났다. 사리불은 부처님이 무척 좋아했던 제자로 부처님 당시에 많은 사람들로부터 시기를 받았다.

사리불의 지혜로움은 여러 곳에서 빛나는데, 교단이 제바달다의 반기로 둘로 분열되었을 때 사리불이 제바달다와 함께 교단을 떠났던 무리들을 다시 부처님께로 데려오기도 하였다. 부처님의 제자 절반을 유혹하여 데리고 떠난 제바달다는 사리불이 자신에게로 오자 이제는 사리불마저 부처님을 떠나 나에게 왔다며 사리불에게 법을 설하게 하였다. 제바달다가 잠든 사이에 설해진 사리불의 법문을 듣고 제자들이 다시 참회하며 부처님께로 돌아와 교단이 다시 안정되었다. 그러나 이 일은 후에 큰 후유증을 남기게 되는데, 제바달다가 깨어나 보니 자기를 따르던 무리들이 사리불을 따라 사라져 버렸고 이에 제바달다는 크게 앙심을 품게 된다. 그래서 부처님을 시해하기 위해 세 번이나 갖은 음모를 꾸미게 되고 결국 지옥으로 떨어진다.

지혜제일이면서도 배려심이 무척 깊었는데, 당시 사리불을 모함한 대중들이 있어 불교집안의 재판에 해당하는 대중공사가 벌어졌다. 부처님이 여러 사람의 의견을 들어보니 사리불이 잘못한 것이 없었다. 그래서 사리불은 잘못이 없다고 판결하였다.

이후 자신의 잘못이 없다는 부처님의 판결을 듣고 사리불의 발언이 이어졌는데 거기서 사리불은 다음과 같이 말했다. "제가 비록 잘못이 없다고 판결을 받았지만 제가 모르는 가운데 부지불식간에 마음의 상처를 줄 수도 있다고 생각합니다. 만일 그렇게 해서 마음의 아픔을 받았다면 지금 제가 이 자리에서 양해를 구하오

니 마음을 너그러이 푸시기 바랍니다." 사리불의 인품이 보이는
부분이다.

사리불이 돌아가셨을 때 부처님이 교단을 바라보며 '교단이 다
쓸쓸하다'고 한 이야기는 당시 승단에 사리불의 존재감이 얼마나
컸는가를 짐작하게 한다.

2. 목건련

신통제일神通第一의 목건련 존자는 흔히 목련존자라고 한다. 목련
존자는 오늘날 우란분절 백중 영가천도라는 불교의 중요한 의식
을 있게 한 장본인이다. 『우란분경』, 『목련경』이란 별도의 경전이
있을 정도로 중요하다.

신통력이 있던 목련은 생전의 악행으로 지옥에 빠진 어머니를
구제하기 위해 노력하지만 죄악이 너무 깊어 스스로 구제할 수 없
자 부처님께 간청하였고, 부처님은 여러 정진대중들에게 공양을
베풀게 하였다. 이에 여름 수행인 하안거가 끝나는 음력 7월 15일
에 오곡백과로 스님들께 널리 공양을 올렸고, 여러 스님들의 선정
력과 정진력으로 지옥에서 어머니가 구제 받게 되었다. 그래서 수
행 안거가 끝나는 음력 7월 15일을 우란분절이라고 하여 수행력
으로 지옥중생을 구제하는 백중 영가천도 전통이 생기게 되었다.
말한 대로 불교 4대 명절 중 하나인 백중이다.

굳이 7월 15일이 된 이유는 인도 전통에 의거하는데, 인도에서는 일 년 중 상반기에 임종하면 천상에 태어나고 하반기에 임종하면 다시 이 세상으로 돌아온다고 믿었다. 아마도 상반기가 기운이 승양하는 시절이고, 하반기인 가을·겨울이 기운이 내려오는 기간이라 그렇게 생각한 듯하다. 이런 전통사고에 비춰보면 7월 15일은 양기가 가장 강한 날이다. 귀신과 영가들은 음기이므로 이때 가장 천상행이 쉬운 날인 셈이다. 아무튼 목련존자로 인해 지금의 우리들은 조상영가를 백중날 천도할 수 있게 되었다.

3. 가섭존자

마하가섭은 거부의 아들로 태어나 오로지 수행으로 도를 이루고자 일생을 바친 인물이다. 그래서 두타제일頭陀第一이라고 한다. 두타제일이란 쉽게 말하면 야전 수행 제일이라는 말이다. 부처님도 그러한 가섭을 존중하여 자리를 반으로 나누어 앉을 정도였다. 소위 다자탑전 반분좌多子塔前 半分座이다. 선종禪宗에서 말하는 것으로, 부처님이 가섭에게 법을 전한 삼처전심三處傳心 중 첫째이다. 나머지 둘은 곽시쌍부槨示雙趺와 염화시중拈花示衆이다.

곽시쌍부는 부처님이 돌아가시고 나서 멀리 있던 가섭이 늦어져서 장례를 치르지 못하였는데, 가섭이 도착하자 부처님이 관 밖으로 두 발을 내보이셨고 이후에 다비가 이루어진 것을 말한다.

가섭존자

염화시중은 『대범천왕문불결의경』 염화품에 나오는 일화로, 범천왕이 부처님께 설법하여 주기를 청하면서 바라화를 바쳤다. 부처님이 그 꽃을 들어 대중에게 보이도록 허공에 드러내셨다. 원래 부처님이 설법을 할 때는 보이지 않지만 천상의 꽃비가 내린다고 한다. 부처님이 갑자기 허공에 꽃을 드러내 보이니 대중이 모두 어리둥절했는데 가섭이 홀로 빙그레 미소를 지었다. 부처님과 가섭의 마음이 통했던 것이다. 그래서 부처님이 "내게 열반의 미묘한 마음, 열반묘심涅槃妙心과 정법의 바른 안목, 정법안장正法眼藏이 있는데 그것을 가섭에 부촉하노라."라고 하였고, 그것이 오늘날 삼처전심의 하나가 되었다. 부처님의 마음과 가섭의 마음이 서로 통했으므로 이심전심以心傳心이라고 하고, 꽃을 드니 미소를 지었으므로 염화미소라고도 부른다. 그리고 문자로 법을 전한 것이 아니므로 교教 밖에 따로 전한 법이라 하여 교외별전教外別傳이라고도 한다.

염화미소, 교외별전, 이심전심은 교과서에도 나올 정도로 유명하다. 삼처전심이 위작이라는 견해도 있지만 부처님 사후에 가섭이 주축이 되어 교단이 운영되었고 또 결집이 행해졌으므로 가섭이 부처님의 법을 제대로 전한 것은 분명한 사실이다.

4. 아난다

아난다는 부처님의 친척으로 부처님을 20여 년 간 시봉하였다. 공과 과가 많은 부처님의 제자인데 용모가 단정하고 잘생겨 많은 여인들의 유혹을 받았다. 불교의 대표적 경전인 『능엄경』이 아난다가 여인의 유혹을 받는 데서 시작한다. 여인의 유혹을 물리치기 위해 그 유명한 능엄주가 탄생하였다.

부처님을 오랫동안 보필하면서 들은 바가 많아 다문제일多聞第一이라고 한다. 듣기도 많이 들었지만 기억력이 좋아 나중에 경전을 모아 편찬하는 결집 시에 아난의 구술이 큰 역할을 하였다. "나는 이와 같이 들었다."라는 경전의 첫 구절이 아난다 때문에 생긴 것이다.

아난다는 줄여서 흔히 아난이라고 한다. 아난은 기쁨이라는 뜻이다. 탱화에 보면 늙은 가섭과 더불어 젊고 잘생긴 인물이 부처님 좌우에 있는데 그가 바로 아난이다.

또한 아난은 여인들이 출가하여 불도를 닦게 하는 데도 큰 역할을 하였다. 부처님 당시에 부처님의 국가인 카필라국이 망하게 되는데 나라가 망하자 부처님을 키운 이모와 부처님의 부인이었던 야소다라 등등이 부처님께

아난존자

로 왔다. 그러나 부처님은 여인들이 승가의 청정성을 깨트릴 것을 우려하여 출가를 허락하지 않았다. 이에 아난이 부처님께 "여인은 성불할 수 없습니까?"라고 물었고 부처님은 성불할 수 있다고 하였다. 이에 아난이 "그럼 길을 열어 주어야 하지 않겠습니까?"라고 하여 여인들도 출가할 수 있게 되었다. 현명한 부처님은 당시 여인들이 함부로 길거리를 돌아다닐 수도 없었던 점을 감안하여 주위의 질타를 다소나마 피하기 위해 가장 자유로운 공기가 흐르고 있던 바이샬리에서 여인의 출가를 허락하였다.

바이샬리는 『유마경』에서 베샬리라고 부르는 곳으로 인도 역사상 가장 최초로 의회를 두고 공화제를 실시한 도시였다. 그것을 기려 지금도 바이샬리 호수의 물을 떠다가 인도 의회개원식을 한다고 한다. 이러한 바이샬리를 부처님이 무척 좋아하는 모습이 경전 여러 곳에서 나타난다. 카스트라는 신분제에 의한 강력한 전제 군주제가 횡행하던 시대에 바이샬리는 보석과도 같았다.

부처님이 돌아가시기 위해 고향으로 가는 도중에 바이샬리를 지나면서 여러 번 바이샬리를 되돌아보며 구체적인 장소들을 거명하며 곳곳을 찬탄했고 다시 보지 못할 것을 아쉬워했다. 그리고 "승가를 어떻게 운영하리이까?"라는 질문에 바이샬리 같이만 하라고 할 정도로 바이샬리를 좋아하였다. 이 부분은 부처님이 당시 선호했던 공동체 운영방식이 그대로 드러나는 대목이다. 개인에게는 수행을 통해 마음의 자유와 해탈을 강조했고 승가를 비롯한 공동체는 민주적으로 법과 율에 의해 다스려지기를 바랐던 것이다. 불교의 경율론 삼장 중에 율장律藏이 한 장르를 차지하는 것을 보면 부처님의 방식이 무엇이었는지 잘 알 수가 있다.

부처님이 쇠약해지자 제자들이 부처님께 물었다. "부처님의 사후에 누구를 승가의 지도자로 뽑으리이까?" 사실 아난을 비롯하여 많은 제자들이 부처님을 오래도록 모시고 법을 들었지만 부처님의 뜻을 당시는 잘 이해하지 못했다. 그 질문을 받은 부처님은 "너희는 사람에 의지하지 말고 바라제목차에 의지하라."고 말한다. 바라제목차는 계와 율을 말하고, 사람에 의지하지 말라는 말은 불의어인不依於人이라고 한다. 인치人治가 아닌 법치法治를 천명한 것이다.

개인에게는 자유와 해탈, 공동체는 법과 율에 의한 통치라는 부처님 방식은 그로부터 2,000년이 지난 뒤 본격적으로 서구에서 계몽사상으로 크게 피어난다. 무려 2,500년 전에 그러한 방식을 지녔으니 얼마나 선진적인지 짐작할 수 있다. 또 카스트가 만연한 인도에서 계급타파까지 주장했으니 가히 혁명적이었다. 가장 위대한 혁명을 무려 2,500년 전에 시도한 것이었다.

혁명적인 사상은 늘 주위의 공격을 받기 마련이다. 소크라테스와 예수와 공자가 모두 주변의 비난을 받았고 심지어 죽임을 당하기도 하였다. 그러나 부처님은 그들보다 더 혁명적인 사상을 전파했지만 장수했고 오히려 칭송을 받고 귀의를 받았다. 부처님의 지혜로운 처신이 돋보이는 대목인데 아난에 의한 여인 출가를 보면 여실히 증명된다.

5. 아나율

천안제일天眼第一 아나율 존자는 너무 열심히 수행을 하다가 그만 실명을 하게 되었다. 눈이 보이지 않으니 모든 일이 불편했는데 그중에서 바느질하기가 가장 어려웠다.

부처님 당시에는 길거리 천들을 주위 황톳물에 비벼 염색한 다음 바늘로 꿰매어 스님들의 옷을 만들어 입었는데 그것을 가사袈裟라고 한다. 지금 시대 스님들이 조각을 맞춰 이루어진 붉은 계통의 천을 제일 겉에 입는데 그것이 가사이다. 부처님 당시의 조각 천을 바느질하여 입은 옷을 전승하여 의례복으로 삼은 것이다.

눈이 먼 아나율은 자신의 옷을 만들고 수리하는 것이 여간 불편한 일이 아니었다. 그래서 바느질을 할 때면 누가 실을 바늘에 꿰어 주기를 청하였다. 모두들 복을 짓는 일이라 그렇게 해 주었다. 어느 날에도 아나율이 바느질을 해야 했기에 지나가는 사람에게 실을 바늘에 꿰어 주기를 청하였다. 그 사람은 실을 바늘에 꿰어 건네주며 잘 되었는지 만져보라고 하였다. 목소리를 들으니 부처님이었다. 그래서 아나율이 황송해 하며 "부처님은 이미 복덕과 지혜를 모두 온전히 갖추신 양족존兩足尊이신데 다시 더 지을

복이 있으신지요?"라고 물었다. 이에 부처님이 "여래는 모든 복을 갖추었지만 보시하고 계율을 지키고 인욕하고 설법하고 중생을 제도하고 바른 법을 구하는 여섯 가지 복을 짓는 데는 만족을 모르느니라."라고 대답하였다. 참으로 그림이 그려지는 장면이며 부처님의 인간적인 면모가 보이는 부분이다. 후일 아나율은 불도를 이루고 마음의 눈을 얻어 천안제일이 되었다.

6. 우바리

우바리 존자는 석가족의 이발사로서 낮은 계급의 사람이었다. 부처님은 신분을 가리지 않고 출가자를 받아들였는데 그 대표적인 사람이 우바리 존자였다.

『숫타니파타』라는 초기 경전에 보면 '태생으로부터 신분이 정해지는 것이 아니라 행위로 인해 신분이 정해진다'는 말이 나온다. 2,500년 전에 이미 신분제 타파를 주장했는데, 부처님의 나라였던 인도가 아직도 강력한 신분제인 카스트 제도를 가지고 있는 것을 보면 부처님 당시에는 얼마나 그 분위기가 강했을지 짐작이 간다. 실제로 부처님이 돌아가시자 가장 강성한 나라였던 마가다국이 신분제가 좀 느슨해진 바이샬리를 눈엣가시로 여겨 곧바로 쳐들어가서 멸망시키고 모두 노예로 만들어 버렸다. 당시 마가다국왕은 부처님께 귀의한 왕이었는데 차마 부처님 생전에는 공격

하지 못하고 돌아가시자마자 침략하여 그렇게 만들었다.

　우바리는 신분은 하천했지만 누구보다 불행佛行에 매진하였다. 계율에 정통하고 잘 지켰으며, 부처님 사후 곧바로 이루어진 1차 결집 때 율律을 남김없이 읊어 기록하게 하여 승가공동체의 근간을 세워주었다.

7. 수보리

수보리는 부처님의 공空에 대한 설법을 가장 잘 이해하여 해공제일解空第一이라고 부른다. 그래서 공에 대해 설파하는 『금강경』의 주요 인물로 등장한다. 오늘날 조계종의 중심 경전이 『금강경』이므로 여러 불자들에게 널리 알려진 십대제자 중의 한 명이다.

　스님의 말씀을 가장 잘 알아듣는 보살을 흔히 절에서 수보리보살이라고 부르는데, 이런 이유 때문이다. 한마디로 부처님의 말씀을 가장 잘 이해하고 잘 알아들은 제자가 수보리이다.

8. 부루나

부루나의 아버지는 브라만족으로 부처님의 아버지인 정반왕의 국사였다고 한다. 그리고 부루나와 부처님은 같은 날 태어났다고 한다. 어려서부터 총명하여 베다와 각종 논서論書에 밝았고, 여러 언어에도 정통하였다. 96종의 교학에 달통하였으나 녹야원에서 부처님의 설법을 듣고 부처님께 귀의하여 부처님의 법을 전하는 데 매진하였다.

폭넓은 지식과 뛰어난 말솜씨로 설법에 능하여 일생동안 9만 9천 명을 제도하였다고 한다. 심지어 사리불보다 일찍 출가하여 지혜제일 사리불에게도 설법을 하였다. 법을 듣고 법을 잘 설하여 설법제일說法第一이라고 부른다.

9. 가전연

가전연은 서인도의 아반티라는 작은 나라 출신으로 논의에 뛰어났다고 한다. 당시 승가에 많은 스님들이 중인도 지역 출신이었는데, 그는 멀리 변방 출신이었던 것이다.

부처님의 법을 듣고 자신의 나라로 가서 열심히 전도를 하였는데, 소나라는 제자를 비구로 만들고자 하였다. 당시에는 스님을 만들고자 하면 비구 열 명이 모여 증명해야 하는 법이 있었다. 그러나 아반티는 너무 변방이라 그것이 어려웠다. 그래서 소나를 스님으로 만들기 위해 소나를 부처님이 계신 곳으로 보냈다. 그러면서 가전연은 제도개선을 요청하였다. 완전한 계율을 받는 데 증명할 스님의 수를 줄여 줄 것과 아반티의 땅이 딱딱하여 여러 겹 신발을 신을 수 있도록 한 겹으로 된 신발로만 지내야 한다는 계율을 보완하여 달라는 것이었다. 그리고 수시로 목욕하여 몸을 깨끗이 하는 지역 풍습이 있으므로 목욕의 제약을 두지 말기를 청했고 동물 가죽을 깔고 지내는 관습을 허용할 것을 요청하였다.

부처님께서 지역의 특성을 인정하여 허락했는데 이를 보면 당시 계율이 딱딱하기만 한 것은 아니었다. 이런 적절한 대응으로 나중에 부처님의 법이 서인도와 중앙아시아로 널리 퍼져 나갈 수 있었다. 세계 최대인 바미안 대불을 보면 그곳에서 한때 얼마나 불교가 융성했는지 짐작할 수가 있다.

그리고 경전 중에 『밀린다왕문경』이라는 경이 있는데, 그리스인 밀린다왕이 나가세나스님에게 대론對論을 요청하는 경이다. 요즘으로 말하면 토론을 요청하는 것이다. 『밀린다왕문경』을 보면 가전연의 논의제일論議第一이 떠오르고 가전연의 활동지역이 서인도임이 다시 한 번 상기된다.

가전연의 노력으로 서인도와 중동지역에 불교가 전래되어 융성하였다. 그리고 후일 그곳을 정복한 알렉산더에 의해 불상의 기원이 되는 간다라 예술이 피어났기 때문에 우리들에게 불상이라는 놀라운 예배대상과 문화재를 안겨준 숨겨진 실질적 공헌자가 바로 가전연이다. 일반인과 불자들에게는 잘 알려지지 않은 십대 제자 중 한 명이지만 불교사에 지대한 영향을 미친 부처님의 제자였다.

10. 라훌라

라훌라는 부처님의 아들이다. 출가하기 전 왕비였던 야소다라가 낳은 자식인데, 당시 출가할 마음이 많았던 석가모니는 자식이 태어났다는 소리를 듣고 골치가 아파 장애물이라고 했다고 한다.

　당시 자식이 태어나면 왕국을 이어받을 사람이 생겨 출가하기가 더 용이하였을 텐데 굳이 장애라고 한 것을 보면 아마도 인정에 이끌려 출가하는 데 따른 부담이 생기는 것을 염려했던 것 같다. 이름의 설은 여러 가지이지만 그래도 주로 아버지의 찌푸림이 거론되는 것을 보면 참 비정한 아버지인 셈이다. 석가모니 자신을 출산한 어머니 마야부인도 산후후유증으로 곧바로 죽게 되었던 것을 보면 석가모니의 가족혈통 전승이 순탄하지만은 않다. 아무튼 부처님의 탄식이 그대로 이름이 되어 라훌라가 되었다. 요즘 말로 하면 업둥이이다.

　이렇게 왕자로 태어났지만 아버지로부터 좋은 말을 듣지 못하고 나중에는 왕국이 망하여 어린 나이로 부처님의 제자가 되었다. 그래서 최초의 사미가 되었으므로 오늘날 사미스님들의 효시이기도 하다. 왕국을 물려주는 것보다 진리를 물려주는 것이 더 낫다는 것을 후대에 가르쳐 주어 여러 왕자들이 출가하게 되는 계기를 마련하기도 하였다.

　또 라훌라에 의해 바뀐 것들이 있는데 대표적인 것이 라훌라가 너무 어려 한 끼로는 배고파했기에 한 끼만 먹던 당시 승가의 식사방식이 조금 변하여 아침에 미음을 먹을 수 있게 되었다.

어린 라훌라에게 부처님은 자세를 반듯이 하고 늘 호흡을 순조롭게 가다듬기를 가르쳤는데, 이런 까닭에 라훌라는 밀행제일密行第一이 되었다. 그래서 가섭이 현교顯敎의 제1조祖라면 라훌라는 밀교密敎의 제1조라고 한다.

불교교리

업장소멸이란 플래카드

불교교리는 한마디로 팔만대장경이라는 말에서 보이듯이 광대무변하다. 그러나 일반 불자들이 어려운 불교교리를 모두 이해한다는 것은 쉬운 일이 아니다. 비록 요즘 불교대학을 통해 기본교리를 어느 정도는 알지만 물어보면 핵심을 놓치고 있는 경우가 많고 갈래를 제대로 파악하지 못하고 있는 경우가 대부분이다.

그래서 복잡다단한 불교교리보다 우선 일반 불자들이 꼭 알아야 할 불교교리부터 기술하도록 하겠다. 불교교리는 업이라는 토양에서 업을 벗어나기 위해 마련된 것이므로 가장 먼저 업과 업장소멸에 대해 알아야 한다.

어느 단체든 자기가 표방하는 핵심구호가 있다. 불교에게 있어 그 핵심 구호는 업장소멸이다. 업장을 소멸하려면 먼저 '업이 무엇인가? 업은 어디에 있는가?'부터 알아야 한다. 업은 행위 일체를 말한다. 카르마라고 하는데, 해탈과 자유를 장애하는 부정적인 개념으로 주로 여겨진다. 그러나 업은 행위이며 행위의 누적에 의한 과보로 누구든지 싫든 좋든 받아야 한다. 계속 갈고 닦아 능숙해진 업이라면 좋은 것이고, 욕심 때문에 계속 행하여 원하지 않는 과보를 맞이하는 경우의 업은 나쁜 것이다. 흔히 선업과 악업이라고 하는 것이다.

직업이라는 말에서 보이듯이 자신이 살아가는 보이지 않는 영역이며 그물이며 집이기도 하다. 선업과 악업으로 나누어 볼 수도 있지만 습관과 환경도 업이다. 사업私業과 공업共業이라고 하는데, 습관이 사업이요 환경이 공업이다. 그런데 환경은 왔다가 가지만 습관은 오래 남는다. 훨씬 더 질긴 업이다. 그래서 업의 초탈에서 환경보다 습관을 바로잡는 것이 더 중요해진다.

선업과 악업, 사업과 공업을 알았다면 구체적으로 업을 짓고 또 업이 붙는 곳을 알아야 한다. 신구의身口意로 흔히 신구의 삼업이라고 한다. 신업은 몸의 업을 말하고, 구업은 입의 업을 말하고, 의업은 생각의 업을 말하는 것이다. 몸과 입과 생각이라는 세 곳이 업의 처소라는 말이다. 몸의 업이란 물질적이고 유형적인 신체의 업을 말한다. 입의 업은 감정적인 업을 말하고, 생각의 업은 정신의 업을 말한다. 그래서 몸과 입과 정신에 대해 알아야 한다.

몸의 업은 무엇인가? 몸은 잘 움직이지 않으려는 업이 있다. 흔히 절에 가면 우리는 자신의 몸이 갔다고 여긴다. 그러나 이것은 사실이 아니다. 밤에 정신이 약화되면 잠을 자는데 이때 몸은 거의 움직이지 못한다. 의식불명이 된 식물인간은 침상에 누워만 있다. 아침에 정신이 깨어나면 그때 비로소 몸은 움직일 수가 있다. 정신이 없으면 몸은 시체나 마찬가지이므로 깨어서 절에 왔다면 정신이 몸을 이끌고 온 것이다. 이처럼 몸은 스스로 잘 움직이지 못하고 잘 움직이지 않으려는 습성이 있다. 그래서 움직여 주는 것이 몸의 업을 치유하는 길이므로 절을 시킨다. 몸의 업을 치유하기 위해서 절이 등장한 것이다.

두 번째로 입의 업은 거짓말과 속이는 말과 이간질하는 말과 나쁜 말을 하는 것이다. 이것을 사대망언이라고 하는데 망어妄語, 기어綺語, 양설兩舌, 악구惡口라고 한다. 탐·진·치에 사로잡히고 감정의 노예가 되어 입으로 망언을 하는 것이므로 입의 업을 감정의 업으로 본다. 감정의 업을 치유하기 위해서는 좋은 소리, 맑고 진실한 소리를 해야 하는데, 불보살의 거룩한 명호를 부르거나 참된 소리인 진언을 하거나 경전을 독송하는 것이다. 이것을 간단히 염불이라고 한다. 흔히 노는 입에 염불한다고 말하는데 이는 불교만의 방법이 아니라 기독교나 다른 종교에서도 널리 사용하는 방법이다. 불자들이 아미타불이나 관세음보살을 염송하는 것처럼 영화를 보면 외국인들이 "지저스 크라이스트"를 수시로 말하는 것을 볼 수가 있다. 거룩한 명호를 외우는 것을 칭명성호稱名聖號라고 하고, 진언을 외우는 것을 다라니 송주라고 하며, 경전을 읽는 것을 경전 독송이라고 한다. 모두 입의 업을 치유하고 감정의 업을 다스리기 위한 것이다.

　마지막으로 정신의 업은 정신이 한번 깨어나면 강력한 카리스마로 움직이기 싫어하는 몸을 행동하게 해야 하기 때문에 멈출 줄 모르고 폭주하는 것이다. 마치 폭포수를 중간에 끊을 수 없듯이 정신도 지쳐 실신하여 잠들기 전에는 그치게 하기가 어렵다. 그래서 정신의 업은 폭주족처럼 질주하는 것이다. 이러한 정신의 업을 치유하기 위해서 마음을 고요히 하는 좌선을 한다. 좌선하고 있는 부처님께 나아가 염불하면서 절을 하면 신구의 삼업이 저절로 동시에 소멸되어 가도록 한 것이 불교의 참배이다.

1. 만법귀일

불교의 교리는 모든 법이 하나로 돌아간다는 것이 대원칙이다. 모든 강이 바다로 가듯이 만법이 귀일하는 것이다. 그리고 바다에 들어간 강들이 자신의 과거를 고집하며 "나는 무슨 강이다. 너는 무슨 강이다."라고 하며 서로 싸우지 않고 차별하지 않듯이 자타의 분별 없이 일체가 되어 출렁인다. 이처럼 자타를 넘어 동체대비同體大悲의 큰 자비에 들고 마음은 일심一心이 되어 화쟁和諍 속에서 화엄세계華嚴世界에 자유자재하게 노니는 것이 만법귀일이다.

2. 이장애

이장애二障碍는 번뇌장과 소지장을 말한다. 초기경전에 보면 부처님은 오직 "번뇌와 번뇌의 소멸을 말할 뿐이다."라는 구절이 있다. 몸은 생로병사하고, 감정은 희로애락하고, 마음은 번뇌망상한다고 보는 것이 불교다.

불교의 모든 수행법은 번뇌를 다스리고 잘못된 견해를 바로잡는 데 있다. 그래서 번뇌와 더불어 바른 견해가 중시된다. 바른 견해인 정견正見이 강조되는 이면에는 삿된 견해가 전제되어 있다. 잘못된 지식과 견해가 또 하나의 대장애라는 말이다.

소지장所知障은 이런 지식의 오류로 발생하는 일체의 장애를 이르는 말이다. 흔히 법집法執이라고 한다. 번뇌장과 소지장 모두 과도한 집착으로 탐·진·치의 원인이 되는 것이다.

또 실제 수행상에서도 두 장애가 있는데 바로 혼침昏沈과 도거掉擧이다. 혼침은 혼몽한 상태를 말하고, 도거는 망상이 끝없이 일어나는 것을 말한다. 우리의 정신은 낮밤을 따라 아침에 깨어나서 낮에는 방황하다가 밤에는 잠에 빠져 실신한다. 방황과 실신을 거듭하는 것이다. 이러함은 반의 반 평인 방석에 앉아 수행할 때도 마찬가지로 발생한다. 망상을 열심히 피우다 스스로 지쳐 조는 일이 빈번하게 발생한다. 앉아 수행한다지만 여전히 예전의 습관을 그대로 답습하고 있는 것이다.

혼침하고 도거하는 정신을 진정시켜 혼침과 실신에 빠지는 마음을 고요하면서도 동시에 깨어 있게 하는 것이 수행이다. 이것을 성성적적惺惺寂寂 또는 적적성성寂寂惺惺이라고 한다.

고요 속에서 깨어 있는 것은 달이다. 그래서 불교는 달의 비유가 무척 많다. 정혜定慧가 빛나게 하고 지관止觀이 성취되게 하는 것인데, 알기 쉽게 말하면 방황과 실신, 혼침과 도거가 아닌 관조觀照가 잘 이루어지게 하는 것이다. 낮밤을 따라 방황과 실신을 거듭하는 삶이 아니라 밤같이 고요한 가운데 빛을 되돌려 내부를 비추는 관조의 삶을 사는 것이다. 그러므로 명상수행은 낮밤을 한자리에 있게 하고 하루를 통일하는 보다 진화된 삶이다.

3. 삼독, 삼학, 삼장

삼독三毒이란 세 가지 독으로 탐욕과 분노와 어리석음이다.

탐욕은 절제를 통해 극복해야 하므로 절제의 항목인 계율이 그 약이 된다. 분노는 마음을 가라앉혀 고요히 하는 것이 중요하므로 선정을 닦는 것이 약이 된다. 마지막 어리석음은 바른 견해를 얻기 위해 지혜를 길러야 하므로 혜가 약이 된다. 삼독에 대응한 계정혜 삼학三學은 그래서 중생병을 치료할 삼약三藥이기도 하다.

불교는 일신의 수행을 원만히 하기 위해, 고해를 초탈하기 위해, 대중의 화합을 위해 계율을 정하고 이를 지킨다. 개인적으로 자유와 해탈을 추구한다면 수행자의 공동체인 승가를 운영할 때는 법과 율에 따른다. 그래서 부처님의 경전과 그 경전을 해석하고 논평하는 논論과 율장을 합해 경율론 삼장三藏이라고 한다. 일반인들은 삼장이라는 말보다 삼장법사라는 말을 한 번쯤은 듣게 되는데, 바로 경율론 삼장에 해박한 스님을 지칭하는 말이다.

그리고 절에 가거나 불교서적을 보다 보면 정혜쌍수定慧雙修라는 글귀를 보는 경우가 있는데, 그곳에 있는 정혜가 계정혜 삼학에 나오는 정혜이다. 계율을 지키며 선정과 지혜를 함께 닦는 것이 불교이다.

4. 사성제, 사념처

사성제는 고집멸도苦集滅道로 초전법륜이라고 부른다. 초전법륜이란 부처님이 다섯 수행자에게 최초로 설한 법이라는 의미이다. 고통, 즉 괴로움은 집착에서 생기며, 집착을 멸하면 해탈도에 이른다는 것이 고집멸도이다. 너무도 중요하여 성스러운 진리라는 의미인 성제聖諦를 붙여 사성제라 부른다.

불교는 윤회를 그치고 해탈에 이르는 것을 목적으로 삼는 종교다. 윤회는 사물과 몸의 윤회가 있고, 비형체적인 생각의 윤회가 있다. 이 중에서 유형적인 존재의 윤회는 누구나 손쉽게 알 수가 있지만 무형적인 윤회에 대해서는 잘 인식하지 못하는 경우가 많다.

유형적인 윤회는 자연현상을 보면 금방 알 수 있다. 자연은 순환하며 존재하는데, 이러한 순환이 바로 윤회이다. 대표적으로 계절이 돌아가는 것이 우리가 흔히 보고 대하는 윤회이다.

그러나 불교에서 중요시하는 윤회는 정신의 윤회인데, 이는 집착에 의해 정신이 한 곳에 묶이고 속박되어 계속 쳇바퀴 돌며 괴로움을 유발하는 것이다.

우리는 자신과 주위에서 트라우마로 고생하는 사람들을 많이 본다. 지난날의 고통스러운 일들이 기억에 깊이 뿌리박혀 살아가는 도중에도 때가 되면 상처가 덧나듯이 덧나 자신을 괴롭히는 것이다. 정신적인 자유를 침해하는 것인데, 이것을 벗어나는 방법이 고집멸도 사성제를 아는 것이다. 그러므로 사성제는 번뇌를 벗어나 심해탈心解脫을 이루고 마음의 자유를 회복하기 위한 가르침이다.

사념처四念處는 네 가지 염두에 두어야 할 곳을 말한다. 이 네 가지를 신수심법身受心法이라고 하는데, 몸과 느낌과 마음과 법이다. 몸은 말 그대로 몸이고, 느낌은 일체의 감수작용을 말한다. 마음은 마음의 작용을 말하고, 법은 대상을 말한다. 앞의 세 가지는 그래도 이해가 쉬운데 마지막 법념처法念處는 조금 어렵다.

법이란 말을 생각하면 먼저 진리나 부처님의 가르침을 떠올리게 되는데, 여기서는 관찰되는 대상을 의미한다. 신수심身受心은 우리의 심신이고, 법은 우리를 둘러싸고 있는 대상이다.

법 중에서 가장 대표적인 것이 자연이다. 그 자연을 보면 흘러가는 길이 있고 이치가 있다. 그래서 그 흘러가는 이치를 보통 법法이라고 부른다. 우리가 흔히 법이라고 하면 법치를 먼저 떠올린다. 법치法治라는 말은 법으로 다스린다는 말이다. 법은 일개인의 사정과 관계없이 규칙과 원칙에 따라 작동하는 것이다. 자연의 원리가 개인의 사정을 살피지 않고 운행되므로 자연법이라고 한다. 그래서 불교에서는 대상으로서의 법, 진리로서의 법이란 의미로 함께 사용한다.

신수심법은 자신과 자기 주변의 대상을 네 가지로 분류하여 잘 염두에 두고 관찰해야 한다는 것이다. 사념처는 관조하는 수행자에게 매우 중요한 개념이다.

5. 오온과 오정심관

오온五蘊이란 다섯 가지 덮개를 말한다. 다섯 가지 덮개는 색수상행식色受想行識인데 색은 형체가 있는 모든 물체를 말하고, 수는 느낌 같은 감각작용을 말하며, 상은 의식의 연상작용이다. 그리고 행은 행위로 빚어지는 일체의 인연을 말하며, 식은 인식작용을 말한다. 복잡하고 어려운 말 같지만 정신적 작용과 물질적 작용을 모두 이르는 말로, 한마디로 정신과 육체를 말한다. 순수한 본질을 정신과 육체가 덮고 있다고 보므로 덮개라는 의미인 온蘊이란 단어를 사용하는 것이다. 이 오온의 덮개를 벗어나는 것을 해탈이라고 부른다.

오정심관五停心觀은 마음이 외부에 끄달리고 인연에 허덕이는 것을 정지시키는 다섯 가지 방법이다. 탐욕이 많은 사람에게는 세상이 고해이며 육신은 더러운 것이라는 부정관不淨觀을, 분노가 많은 사람에게는 너그러운 마음을 함양하는 자비관慈悲觀을, 번뇌가 많은 사람에게는 호흡을 고르는 수식관數息觀을, 어리석음이 깊은 이에게는 원인과 결과를 살펴보는 인연관因緣觀을, 자신에 대한 집착이나 자신이 실체가 있다는 사고에 깊이 빠진 사람에게는 자기가 실체가 없는 존재임을 관하게 하는 계분별관界分別觀을 닦게 한다. 탐·진·치 삼독과 아상과 번뇌에 대응하여 마련된 수행법이다. 사람마다 근기가 다르고 취향이 다르며 상태도 달라 그에 맞게 오정심관이 나온 것이다.

6. 육바라밀, 육도윤회, 육근

육바라밀은 불교를 닦는 행자가 자신을 수습하기 위한 여섯 가지 방법이다. 바라밀은 파라미타의 음역으로 수습한다는 의미가 있다. 보시布施, 지계持戒, 인욕忍辱, 정진精進, 선정禪定, 지혜智慧를 육바라밀이라고 한다.

보시는 인색한 사람이 베푸는 것을 통해 자신의 업장을 소멸하고 선을 쌓는 것을 말한다. 보시는 널리 베푼다는 의미로 육바라밀 중 제1 덕목이다. 보시에는 재물을 베푸는 재시財施, 진리를 설해주는 법시法施, 두려움과 괴로움으로부터 해방시켜 주는 무외시無畏施가 있다. 자신이 가진 재물이나 진리에 대한 이해가 없어도 누구나 상대방을 위로하고 또 편안하게 대할 수 있으므로 반드시 무엇이 있어야 보시할 수 있는 것은 아니다. "면상무진공양구面上無瞋供養具 구리무진토묘향口裡無瞋吐妙香 심리무진시진보心裡無瞋是眞寶 무염무구시진상無染無垢是眞常"이라는 문수보살 게송이 있는데 해석하면 "성 안 내는 그 얼굴이 참다운 공양구요 부드러운 말한마디 미묘한 향이로다. 깨끗하여 티가 없는 진실한 그 마음이 언제나 한결같은 부처님 마음일세."이다. 절에 가면 흔히 볼 수 있는데 보시의 기본을 잘 알려 주는 구절이다.

두 번째로 지계는 계율을 잘 지킨다는 의미이다. 계율은 방비지악防非止惡으로 하지 말아야 할 것을 막고 악행을 그치게 하는 것이다. 이는 수행자를 보호하고 수행의 공덕을 보존하며 대중을 화합하게 하는 것으로 매우 중요시하였다.

세 번째의 인욕바라밀은 인토忍土라는 사바세계에서 참지 못해 벌어지는 괴로움을 벗어나기 위해 욕됨을 참아 마음을 수습하는 것이다.

네 번째의 정진바라밀은 탐·진·치를 벗어나기 위해 힘써 불도

축생불

를 닦는 것을 말한다.

다섯 번째의 선정바라밀은 마음을 고요히 하는 것 또는 조용히 사색하는 것을 말한다.

여섯 번째인 지혜바라밀은 흔히 반야바라밀이라고 하는데 분별과 집착을 끊고 바른 견해를 얻어 지혜를 완성하는 것을 말한다.

육바라밀은 불도를 닦는 사람이 일상을 원만히 하여 점차 선정과 깨달음에 나아가도록 하는 데 목적이 있다.

육도윤회六道輪廻는 불교가 보는 세계관으로 하늘과 땅, 천상과 지옥을 가장 상단과 하단에 두고 아귀계, 축생계, 수라계, 인간계가 그 사이에 자리 잡고 있다. 육도 중에서 천상에 해당되는 부분이 욕계 6천, 색계천, 무색계천이다. 그리고 고정되어 있는 것이 아니라 지은 행위와 업에 따라 끊임없이 순환하고 변전하므로 육도윤회라 한다.

서로의 생살을 뜯어 먹고 사는 축생으로 태어나면 언제 성불할지 모른다는 경전의 말이 아니더라도, 인간으로 태어나 불도를 만나 지혜를 기를 수 있는 기회를 맞이한 것은 그야말로 대복大福이

166

다. 불법을 만나 육바라밀을 닦아 육도윤회의 사슬에서 벗어나 해탈하는 것이 진정으로 의미 있는 삶이다. 그래서 출가는 가장 큰 복을 짓는 일이다.

마지막으로 육근에 대해 살펴보면, 불교는 주관과 객관 세계를 변별하는 데 있어 18처處라는 개념을 사용한다. 18처란 먼저 관찰자가 지닌 감각기관인 안이비설신의眼耳鼻舌身意라는 육근六根과 보여지는 관찰대상인 색성향미촉법色聲香味觸法이라는 육경六境이다. 그리고 육근과 육경이 만나 발생하는 안식眼識, 이식耳識, 비식鼻識, 설식舌識, 신식身識, 의식意識이라는 육식六識이 있는데, 이 모두를 다 합하여 18처라고 한다. 육근, 육경, 육식의 18처는 불교의 교리를 이해하는 데 반드시 알아야 할 중요한 개념이다. 불자라면 누구나 잘 아는『반야심경』에도 이들이 거론되고 있다.

7. 칠각지

불교는 완전한 지혜에 이르는 것을 추구하는데, 그 깨달음에 도달하기 위한 일곱 가지 방법이 바로 칠각지七覺支이다.

첫 번째 염각지念覺支는 몸, 느낌, 마음, 법의 네 가지를 말하는데, 흔히 사념처四念處라고 한다. 두 번째 택법각지擇法覺支는 관찰대상이요 진리인 법을 분명하게 구별하고 선택할 줄 아는 지혜이다. 세 번째 정진각지精進覺支는 네 가지 노력인 사정근四正勤을 말하는데 사정단四正斷이라고도 한다. 단단斷斷, 율의단律儀斷, 수호단隨護斷, 수단修斷이다. 단단은 이미 일어난 끊어야 할 것을 용감하게 끊는 것이고, 율의단은 아직 일어나지 않은 잘못을 단속하는 것이다. 수호단은 아직 일어나지 않은 착한 법을 지키는 것이고, 수단은 이미 일어난 착한 법을 더욱 닦는 것을 말한다. 네 번째 희각지喜覺支는 수행을 통해 얻어지는 마음의 기쁨을 의미한다. 다섯 번째 경안각지輕安覺支는 수련으로 몸과 마음이 가벼워지고 평안해진 상태를 말한다. 여섯 번째 정각지定覺支는 마음이 고요하고 잘 집중되어 선정에 든 상태이다. 일곱 번째 사각지捨覺支는 일체의 집착을 여의고 아집我執과 물집物執에서 마음이 해방된 경지이다.

칠각지는 수행 과정에서 수지해야 할 것과 수행의 공덕으로 얻어지는 것에 대한 일곱 가지 분류이다.

8. 팔정도

불교는 여타 종교와 달리 포용적인 태도를 지니고 있다. 부처님께 다른 종교에는 진리가 없느냐고 물었더니 팔정도가 있다면 진리가 있다고 말씀하셨다.

팔정도는 정견正見, 정사유正思惟, 정어正語, 정업正業, 정명正命, 정념正念, 정정진正精進, 정정正定을 말하는데, 정견은 바른 견해이고 정업은 바른 행위이다. 그리고 정명은 바른 운명인데 바른 직업과 생활을 말한다. 나머지는 문자 그대로 해석하면 된다.

팔정도를 이해하는 데는 두 가지 관점이 필요하다. 첫째, 붓다가 왜 굳이 바른 길을 진리의 핵심으로 삼았을까 하는 부분이다. 얼핏 보면 당연한 것 같지만 사람들이 자기와 탐·진·치와 집착과 생존본능에 빠져 바른 길을 가기가 어려운 상황임을 누구보다 잘 통찰했기에 팔정도를 진리의 이정표로 삼은 것이다. 둘째, 팔정도 중에서 사고 작용에 해당되는 것이 무려 세 가지나 되며 과반에 육박하고 있다는 점이다. 이런 점은 불교가 얼마나 바른 생각을 가지는 것을 중시하는지 엿볼 수 있다.

팔정도를 팔폭륜으로 도형화하여 법륜法輪으로 삼고 있어 간혹 사찰에 가면 그려져 있는 곳이 있다.

불교에서는 해탈을 중요하게 생각한다. 이는 요즘으로 말하면 자유이다. 불교의 경우 해탈자유의 조건을 주체와 정견으로 본다. 주체는 신이나 기타의 절대적 대상에 의지하는 것을 버리고 자기에게로 돌아와 심신을 닦아 스스

영광 법성포 도래지 팔정도 계단

로를 회복하는 것을 말한다. 이것을 자귀의自歸依, 자등명自燈明이라고 한다. 그리고 정견正見이란 자기에게로 돌아와 자신의 주관이나 잘못된 견해에 빠지는 것이 아니라 있는 그대로의 관찰을 통해 바른 안목과 견해를 얻는 것이다. 이것을 법귀의法歸依 법등명法燈明이라고 한다. 얼마나 중요했으면 부처님이 돌아가시면서 남긴 유언이다. 물론 후대의 선사들도 이 길을 천명하였다. 임제의 경우 스스로 주인이 되라고 하였고, 많은 선사들이 바른 안목을 선양하였다. 이러한 주체와 정견을 여덟 가지로 표현한 것이 팔정도라고 보면 된다.

팔정도를 보면 스스로 삶을 살아가는 자세와 더불어 정견, 정사유, 정념에서 보이듯이 바른 사고와 바른 견해를 중시하였다. 이러한 영향은 불교의례에도 그대로 반영되어 계향, 정향, 혜향, 해탈향, 해탈지견향인 오분향례의 마지막 부분도 '해탈의 바른 견해의 향기'로 마무리할 정도이다.

불교를 이해하는 데 있어 가장 중요한 것이 주체와 정견임을 알고 그것을 생활 속에서 여덟 가지 덕목으로 실천한다면 팔정도의 가치를 실감할 수 있다.

9. 구차제

구차제九次第란 구차제 선정을 말하는데, 색계 사선정과 무색계 사선정 그리고 그 팔선정八禪定을 넘어선 해탈경지인 멸진정滅盡 定을 말한다.

색계 사선정은 초선, 이선, 삼선, 사선으로 나누어지는데, 모두 호흡을 관조해 가며 얻는 선정이다. 마지막 사선四禪이 식적멸息寂 滅이다. 부처님이 돌아가실 때의 상황을 경전에서 사선정으로 표현했는데 초선, 이선, 삼선으로 거슬러 가시다가 다시 초선으로 내려오셔서 곧바로 사선에 드셨다고 되어 있다. 이 표현은 숨이 점점 잔잔해지다가 다시 숨이 좀 거칠어졌다가 숨이 멎었다는 말이나. 이렇게 색세 사선정은 호흡이 그 기준이 된다.

두 번째, 육체적이고 물질적인 색계 사선정과 달리 정신적이고 의식적인 사선정이 무색계 사선정이다. 무색계 사선정은 공무변처, 식무변처, 무소유처처, 비상비비상처인데, 그 이름만 보아도 의식과 관계가 있음을 곧바로 알 수가 있다.

색계 사선정이 호흡이 기준이라면 무색계 사선정은 의식이 그 기준이다. 우리는 정신과 육체라는 두 요소를 가지고 있는데, 이 중에서 정신은 의식과 생각으로 나타나고 육체는 호흡이 대변자이다. 그래서 색계 사선정과 무색계 사선정은 의식과 호흡의 단계를 수행용어로 설명한 것이다.

구차제라는 어려운 표현을 쓰지만 알고 보면 자신의 정신과 육체, 의식과 호흡을 말하는 것일 뿐이므로 자신의 심신을 잘 고찰하면 의외로 쉽게 이해할 수가 있다. 이러한 의식과 호흡을 초탈한 경지가 바로 마지막 단계인 멸진정이다. 그래서 멸진정은 한마디로 정신과 육체를 초월한 경지이다. 심신을 초월한 경지, 심신탈락의 경지가 바로 해탈열반이다.

10. 십지

보살 십지+地는 『화엄경』에 보리심을 발한 보살이 이루어가는 경지를 10단계로 정리한 것이다. 그리고 달리 설명하면 마음이 불법으로 인해 변해가는 과정을 열 단계로 표현한 것이다.

보살이 수행 과정에서 거치는 열 가지 단계는 환희지歡喜地, 이구지離垢地, 발광지發光地, 염혜지焰慧地, 난승지難勝地, 현전지現前地, 원행지遠行地, 부동지不動地, 선혜지善慧地, 법운지法雲地이다.

환희지는 발심의 환희를 말하고, 이구지는 더러움을 벗어난 것이며, 발광지는 지혜의 빛이 생겨 점점 발휘됨이요, 염혜지는 지혜가 번뇌를 태우는 것이다. 그리고 난승지는 끊기 어려운 미세한 번뇌를 끊는 것이요, 현전지는 진리의 실상이 눈앞에 나타나는 것이며, 원행지는 미혹과 어리석음을 멀리 떠나는 것이다. 부동지는 마음이 흔들리지 않는 것이요, 선혜지는 걸림 없는 지혜로 두루 가르침을 설하는 것이며, 마지막 법운지는 구름이 온 땅에 비를 내리듯 부처님의 법을 널리 펼치는 것이다.

십지의 과정을 전체적으로 보면, 발심하여 점차 세상의 오탁과 유리되고 지혜가 증장되어 흔들림이 없어지며 나아가 미세한 번뇌마저 끊어 진리가 현전한다. 그리고 그 진리를 점차로 널리 펼친다. 보살 십지는 절에서 대화할 때나 법문 중에 자주 쓰는 말이므로 알아둘 필요가 있다.

11. 십일면

십일면관음의 원형은 인도 고대 신인 폭풍의 신 '루드라'라고 한다. 루드라는 11개의 얼굴과 천 개의 눈을 가지고 있는데, 모습은 기이하지만 병을 치료해주는 선신이기도 하다. 로마의 수호신이었던 미트라와 유사한데 불교에서는 관음의 일종이 되었다. 천수천안千手千眼 관세음보살은 사찰에 가면 많이 볼 수 있다.

앞의 삼면은 자비상이고, 왼쪽 삼면은 분노상이며, 오른쪽 삼면은 미소상이고, 뒤의 일면은 폭소상爆笑相이다. 그리고 최정상의 모습은 부처님의 얼굴인데 불도의 구경각을 표현하고 있다. 아래 십면은 중생의 모습이며 동시에 보살이 중생을 구제하기 위한 모습들이다. 십면十面은 어머니가 자녀를 대하는 열 가지 얼굴이라고 보면 이해가 쉽다.

자비로운 어머니는 자비희사慈悲喜捨의 마음과 다양한 얼굴로 아이를 교육하고 기르는데 모두 자녀의 올바른 성장을 위한 것이다. 자비로운 어머니는 자녀가 무엇을 물으면 거짓 없이 알려주므로 아이는 듣기만 해도 바로 알 수가 있다. 이것을 청문지聽聞智라고 한다. 이처럼 자비로운 관음보살에 청하여 듣기만 해도 중생은 진리를 알 수가 있다고 한다.

십일면은 자비심을 가지고 중생을 가지가지 모습으로 제도하는 보살의 이상적인 교화를 보살상으로 묘사한 것이다. 불국사 석굴암에 부조되어 있는 십일면관음상이 유명하다.

12. 십이연기

십이연기十二緣起는 무명무지가 생사로 이어지는 과정을 관찰하는 것이다. 무명無明, 행行, 식識, 명색名色, 육처六處, 촉觸, 수受, 애愛, 취取, 유有, 생生, 노사老死로 일반 불자들에게는 다소 어려운 교리이다. 그러나 무명이 처음에 있고, 행이 그 다음에 있으며, 마지막 앞에 생이 있고, 마지막에 노사老死가 있는 것을 보면 무지가 일련의 과정을 거쳐 생로병사로 전개되는 것임을 알 수가 있다. 처음과 끝인 무명과 행, 생과 노사를 보면 십이연기의 목적을 잘 알 수 있다.

생사를 불교에서는 생사대사生死大事라고 하며, 생사를 초월하는 것을 불교 수행의 중요한 목적으로 삼는다. 그 생사의 기원이 바로 무명이다. 그리고 행은 모든 행위의 축적으로 업業을 말한다. 무명 다음에 행이 오는 것은 업이 가장 먼저 선행하는 것이기 때문이다. 사람이 태어나 인식하고 배우고 행동하기 이전에 이미 부모로부터 물려받은 유전자를 가지고 있듯이 업이 모든 것을 선행하는 것이다. 생사를 초월하여 지혜에 이르고자 하면 이 행을 쉬어야 한다. 그리하면 무명이 곧 지혜로 돌변한다.

무명, 행 이후의 식, 명색, 육처 등등을 살펴보려면 다소 철학적인 사고가 필요하다. 개인이 현상을 아는 것은 인식에서 출발한다. 인식 이전의 업이 인식을 일으키고 생각으로 이어지며 감각기관을 거쳐 촉觸, 수受, 애愛가 차례로 일어난다. 그리고 촉, 수, 애를 바탕으로 선택이 행해져 취유取有가 이루어진다. 그 취유로 말미암아 생로병사라는 현상으로 진행된다. 이런 일련의 과정이 십이연기이다. 인식 이전, 인식, 생각, 감각, 선택, 현상 순이다.

여기서 가장 파악이 어려운 것이 바로 인식에서 생각으로 이어지는 과정이다. 이 과정에서 개입되는 것이 바로 언어이다. 그것을 명색名色이라고 하는데, 언어를 익히지 못하는 동물이나 생명체의 경우는 관념적 이미지요 상想인 명名, 형체적 이미지요 상想인 색色으로 느끼지만 인간의 경우 언어에 기초한 명색을 하는데, 쉽게 생각이나 사고 작용이라고 보면 된다.

근대 서구철학의 경우도 이런 일련의 과정을 거친다. "나는 생각한다. 고로 존재한다.”고 한 데카르트에 의해 인식과 존재의 관계가 정립되었고, 그 이후에는 생각의 핵심요소인 언어를 분석하는 철학이 대두되었다. 그리고 제2차 세계대전을 겪으며 고독과 허무와 생에 대한 철학인 실존주의가 등장하였다. 그리고 마지막으로 현상학이 현대철학의 주류로 자리매김하였다. 인식과 언어와 감수작용과 현상이라는 십이연기의 일련의 과정을 서구철학도 똑같이 밟아갔던 것이다. 다만 차이점은 붓다가 일개인 안에서 일생 동안 그것들을 고찰했다면 서구철학자들은 오랜 시간 동안 여러 명의 철학자들이 순차적으로 탐구한 것이다. 모두 인식에서 현상에 이르는 과정이 얼마나 중요한 것인지 말해주고 있는 것이다.

우리는 인식을 통해 생멸을 안다. 사람들은 누구나 쉽게 생멸현상을 그냥 사실로 받아들인다. 그러나 인식에 의해 생멸하는 것으로 여기게 되므로 인식에 대해 잘 관찰해 보아야 한다. 원효스님은 깨닫고 나서 식이 일어나니 현상이 일어나고 식이 멸하니 현상이 멸한다고 말했다. 이러한 마음의 작용에 대한 탐구가 십이연기의 과정이다. 십이연기를 순차적으로 관하는 것을 순관順觀이라고 하고, 생사에서부터 반대로 거슬러 고찰하는 것을 역관逆觀이라고 한다.

십이연기가 어려운 고찰이지만, 비유하자면 하나의 빛이 떨어지며 공기를 지나고 구름과 물을 지나 땅에 이르는 과정이다. 땅에 이른 빛이 땅을 기복시키며 생로병사를 일으키는 것이다.

수연과 자각이라는 삶의 자세

불교가 업의 정화와 극복을 그 목적으로 한다고 말했다. 어떻게 업을 소멸하는가? 그 방법은 두 가지이다. 첫째는 상대적인 것을 이용하여 업을 치유하는 것이고, 둘째는 본질로서 업을 소멸하는 것이다.

상대적인 것으로 업을 치유한다고 하는 것은 말 그대로이다. 예를 들면 한 사람이 우울해졌다면 기쁨으로 우울을 치유하는 것이다. 겨울의 업을 여름으로 치유하고, 여름의 업을 겨울로 치유하는 것이다. 이것을 과정 속의 치유라고 부른다.

과정 속의 상대를 만나 기존의 업을 치유하는 것은 일반 사람들이 손쉽게 하는 방법이다. 그러나 이 과정의 상대 치유는 한시적이다. 우울함은 기쁨을 만나 치유하였다고 하더라도 그 기쁨이 마냥 계속될 수가 없기 때문이다.

과정의 흐름 속의 치유가 분명 현실적이고 널리 쓰이는 치유법이지만 만사가 머무르는 바 없으므로 한시적으로 될 수밖에 없다. 이를 불교 용어로 설명하면 육도윤회 속의 치유이다. 복을 지어 천상의 복락을 누린다 해도 복이 다하면 다시 아래 세계로 떨어지며 윤회해야 한다. 그래서 불교는 근본적인 업의 치유와 소멸에 대해 말한다.

근본적인 업의 치유와 소멸은 본질을 깨달아 이루어진다. 그렇다면 본질은 무엇인가? 과학법칙의 예를 들면 이해가 쉽다. 열역학에 보면 열역학 제1법칙이 나온다. 열역학 제1법칙은 에너지 보존의 법칙이다.

열은 한 방향으로만 흐르는데 고온에서 저온으로 흐른다. 한 방향으로 흐르는데도 에너지는 더해지거나 덜해지지 않는다는 것은 다소 모순되는 듯한 것처럼 보인다. 그러나 과정에서는 한 방향으로 흐르지만 에너지 총량은 늘 생기거나 멸함이 없이 한결같다. 이 불생불멸不生不滅이 바로 본질이다. 과정 속에서는 여름은 덥고 겨울은 춥지만 본질적으로는 부증불감不增不減이라 더해지거나 덜해지는 것이 없는 것이다.

본질의 입장에서 보면 본래 구족하여 닦을 것도 없고 오히려 닦음이 허물이 된다. 뒷머리를 보고자 연신 고개를 돌리는 것과 같은 것이며, 정진이 무간지옥으로 가는 길이다. 본질에 입각하여 다만 마음을 쉬는 것이 업을 정화하고 소멸하는 비결 아닌 비결인 것이다.

이렇게 본질에 입각하지 않고 과정에 입각하여 여름의 더위를 겨울의 추위로 치유하고 겨울의 추위를 여름의 더위로 상쇄시키는 상대 치유는 시간이 걸려 기다림과 고통의 시간을 보내야 하고 때가 되면 그것마저 다시 변전된다. 윤회가 반복되는 것이다. 번뇌망상은 번뇌망상으로 소멸할 수 없고, 희로애락은 희로애락으로 치유할 수 없다. 그러므로 본질적인 업의 치유가 필요한데, 그러자면 근본에 대한 이해가 필요하다.

『반야심경』은 이러한 본질적인 업의 소멸과 고통의 건너감을 설파하고 있는 불교의 핵심 경전이다. 불생불멸 부증불감을 깨달아 온전히 건너가기를 바라는 것이다. 그래서 마지막으로 "아제아제 바라아제 바라승아제 모지 사바하"라고 외우며 끝난다. 그 뜻이 "가는 이여, 가는 이여, 열반의 저 언덕으로 가는 이여, 온전히 건너지이다."이다. 이렇게 온전히 건너간 저 언덕을 피안이라고 한다. 도피안사라는 절이 있는데, 바로 피안으로 건너갔다는 것을 의미한다.

차안此岸에서 피안彼岸으로 건너가는 것은 업을 본질적으로 건너간 것을 말한다. 업을 온전히 건너간 영역을 열반이나 해탈이나 공이나 극락이라고 부른다. 극락은 육도윤회에 속한 천상의 하나가 아니라 해탈의 세계이다. 다만 해탈과 열반과 공空이 허무한 느낌을 주므로 괴로움의 세계와 반대 의미를 지닌 극락이라고 긍정적으로 본질에 대해 표현한 것이다.

본체, 본질에 대한 불교의 다른 다양한 표현들이 있는데 불佛, 법法, 마음이란 것이 있다. 불은 부처님으로 본질을 묘사한 것이고, 법은 진리로 본질을 묘사한 것이고, 마음은 자신에 입각하여 본질을 묘사한 것이다. 불과 법과 마음은 불법승佛法僧이다. 불법승은 불교의 삼보인데 마지막 마음이 승보이다. 승이란 스님들을 말하기도 하지만 불교의 가르침을 배우고 익히는 모든 대중인 승가를 지칭하는 말이다.

마음은 자신 안에서 본질을 찾는 자력自力이고, 불은 후대에 기도를 통해 불보살에 이르고자 하는 타력他力이 되었다. 법은 법에 대한 탐구로, 흔히 법에 대한 연구라는 의미인 아비달마를 가리킨다. 자력은 참선으로 이어져 왔고, 타력은 염불기도로 전승되어 왔다. 북방 대승불교에서 이러한 분별이 뚜렷이 나타나고, 법에 대한 탐구는 남방불교에서 중시되었다.

자력수행의 주류인 참선의 경우, 본질을 자신 안에서 찾으므로 마음을 중시했으며, 마조선사에 이르러 심즉불心卽佛이라는 사자후로 널리 천하를 진동시켰다. 그리고 오늘날 한국불교의 대부분인 조계종의 경우, 이러한 기풍을 종지宗旨로 삼고 있다. 불립문자·직지인심·견성성불이 종지인데, 문자를 세우지 않고 바로 사람의 마음을 가리켜서 부처를 이루게 한다는 말이다. 직지사의 사찰명이 여기서 비롯되었고, 세계 최초의 금속활자본인 『직지심경』도 이 종지를 밝힌 것이다. 실로 간단한 법이었으나 일반인들에게는 어렵게 여겨졌다. 이유는 자기에게 돌아온다는 것이 익숙지 않았기 때문이었다.

사람들은 늘 바깥을 향하고 대상을 좇는다. 그래서 이러한 습관에 입각하여 절대적 신앙의 대상을 정하고 그것을 근본으로 삼고 종宗으로 삼아 기도하고 염불하는 방법이 제시되었던 것이다. 대상에 의지하고 믿음으로 기도하므로 타력신앙이 되었다.

그러나 자력이건 타력이건 근본을 찾는 방법이 서로 다를 뿐 모두 본질을 향하고 본질을 깨닫고자 하는 것은 동일하다. 그런데 동일한 목적이지만 방법의 차이로 인해 현실에서는 엄청난 차이가 발생하였다. 소리로 기도하는 사람과 침묵 속에서 참선하는 사람을 보면 그 차이를 누구나 실감할 수 있지만, 그보다 더 큰 차이가 내면에 존재한다.

타력신앙인 기도·염불에서 중요한 것은 영험과 간증이다. 중생의 속성이 알고 싶어 하고 원하는 것을 이루고 싶은지라 이것을 충족시켜 주어야 한다. 그래서 기도와 염불의 현장을 보면 기도를 간절하게 하게 하는 기도성취담이나 간증이 봇물을 이룬다. 중생의 근기에 맞추어 진행된 방법이다 보니 기도와 염불의 본질이 희석되고 중생의 바람이 본질처럼 행세하며 주객전도가 일어나는 경우가 많다. 그래서 미혹으로 흐르는 폐단이 속출한다.

이와 달리, 대상을 좇는 중생의 습성과는 반대로 자신에 몰입하는 참선수행의 경우 간단하면서도 직접적이지만 너무 본질 일변도의 추구를 하다 보니 세상과 유리되고 자연히 소수가 하는 수행이 되었다. 가장 큰 문제는 기도를 하다가 참선에 입문한 경우, 예전에 모르고 기도를 간절히 할 때는 신심 있는 불자였는데 어려운 참선은 쉽게 몸에 배지 않고 기도심만 흩어져 과도기·환절기의 혼란을 겪는 것이다. 자신에 의지하는 것이 깊어지지 않은 상태에서 타력에도 심드렁해진 상태라 이도저도 아닌 주변인처럼 어정

쩡한 상태에 놓인 것이다.

기도가 원함이 생명이며 간절함이 동력이라면 수행은 받아들임이 생명이고 깨달음이 동력이다. 그래서 받아들임은 자신으로 돌아오는 자귀의自歸儀의 서곡이요 징조이다. 그러므로 참선수행에 입문한 자는 받아들임이라는 것을 몸에 배게 해야 한다. 달리 일러 수용이라고 부르는 받아들임은 불교의 처세법이다.

옛사람이 불교의 생활자세를 인연을 따른다고 해서 수연隨緣이라고 하였다. 원함이 아니라 받아들임이 자기회귀의 첫걸음이다. 수용은 현재에 머무는 것이다. 그리고 현재에 머물게 되면 저절로 자신에 머물게 된다. 수행 중에서는 현재가 바로 자신이기 때문이다. 이렇게 스스로에게 돌아와 자각自覺을 일으키는 것이 참선수행이다. 비로소 자등명自燈明의 길에 접어든 것이다.

미국의 심리상담가인 타라 브랙의 인생이야기는 우리에게, 불자들에게 많은 교훈을 준다. 타라 브랙은 태어나면서부터 유전적인 정신질환을 가지고 있어 정상적인 삶이 어려웠다. 수없이 좌절한 그녀는 불교를 접하고서 인생의 일대 전기를 맞게 된다. 그동안 거부하기만 하던 자신의 병을 받아들이며 불교를 근간으로 심리공부를 해갔고 마침내 미국 전역에서 제일가는 심리상담사가 되었다. 그리고 그녀는 그것에 관한 책을 펴냈는데 한국에도 번역되어 베스트셀러가 되었다. 그 책의 제목이 1권은 『받아들임』이고 2권은 『삶에서 깨어나기』이다. 보조국사 지눌의 『수심결』이라는 책을 좋아한다는 그녀는 기독교 국가인 미국에서 전 세계의 불교 서적을 탐독하며 불교의 정수를 이해하였다.

아시아의 경우 등산을 하면 산에서 사찰을 늘 볼 수 있고 곳곳에 절이 있어 얼마든지 불교를 접할 수 있는 용이한 환경이요 교과서에서도 불교와 불교의 문화재에 대해서 배우지만 정작 불교의 핵심이 무엇이냐고 물으면 대부분 잘 알지 못한다. 설사 절에 다니거나 오래도록 불교를 신행한 불자들에게 물어도 불교의 정수를 잘 대답하지 못한다. 그런데 불교를 접하기 어려운 서구에서 그것도 선천적 정신질환을 가진 한 여인이 정확히 불교의 진수가 무엇인지 알고 책 제목을 그렇게 정한 것이다.

받아들임과 깨어나기, 수연과 자각이 불교의 두 산맥이며 수행의 핵심 연금술이다.

자연에서도 이렇게 받아들여서 밝아지는 것이 있는데 바로 달이다. 달은 태양빛을 받아들여 빛나는데 허공에서 빈 배같이 떠돌면서 인연 따라 방광放光한다. 한문으로 천상고월天上孤月 성숙해중星宿海中 방랑허주放浪虛舟 수연방광隨緣放光이다. 수행자와 스님들의 삶이 그러하고 불교의 교리가 그러하며 불자의 처세가 그러하다. 불교에 달의 비유가 많은 이유이다.

기도염불을 하든 참선수행을 하든 기도나 참선 모두가 수연과 자각의 삶을 지향하며, 본체와 본질에 입각하여 업을 근본적으로 치유하고 소멸하는 것임을 항상 명심해야 한다.

관심

불교의 교리는 어렵게 느껴지지만 실상은 모두 마음공부하는 것을 말할 뿐이다. 누구나 번뇌가 있고 고민이 있다. 그래서 번뇌를 없애고 고민을 씻고자 한다. 불교는 그러한 마음의 번민을 치유하는 것을 대명제로 하므로 사실은 누구나에게 꼭 필요한 것이고 누구나에게 적용할 수 있는 것이다.

자신의 마음을 기준으로 불법이나 불교교리를 보면 정말 생활에 필요한 것임을 실감한다. 불교의 핵심은 마음과 마음의 정화이다. 요즘 말로 하면 힐링이다. 이러한 마음공부를 하는 데 이해해야 할 중요한 요소 중 하나가 관심이다.

우리의 마음은 모든 것을 눈앞에 나타나게 하는 신비하고도 놀라운 공능에 있다. 어둠 속에서 라이터를 비추면 비춤을 받은 부분이 드러나듯이 관심을 두면 관심을 받은 사물이 현전現前한다. 예를 들어 호흡을 잘 모르다가도 좌선을 시작하여 마음이 호흡에 관심을 두면 호흡의 흐름이 나타난다. 이처럼 마음은 조명사이다. 누구나 조명을 받아 존재감을 드러내고 싶어 하므로 관심 받기 위한 갖가지 행동을 한다.

페이스 북이 '좋아요' 코너를 신설하여 세계적인 소셜 네트워크가 되었듯이, 관심은 인간생활과 관계에도 절대적인 위치와 가치를 가지고 있다. 수행도 관심이고 인간관계와 생활도 관심이다.

근대철학의 아버지라는 데카르트의 대명제인 "나는 생각한다. 고로 존재한다."는 말도 관심과 존재감에 대한 직관이다. 아예 관심에 대해 집중적으로 연구하는 학과가 필요할 지경이다. 그리고 관심이라는 주제를 집중적으로 다룬 "관심"이란 책이 나올 만도 하다.

이처럼 많은 영향을 미치는 관심이지만 의외로 관심에 대한 고찰이 부족한 경우가 대부분이다. 우리들이 무엇을 볼 때 주의 깊게 보지 않고 집중해서 보지 않고 주마간산走馬看山으로 보는 버릇 때문인데, 일례를 들면 예전에 소나무 군락지에 놀러 갔을 때는 그곳 소나무가 그렇게 좋은 줄 몰랐다가 후일 다시 가 보면 소나무들이 무척 빼어남을 보는 경우가 있다. 동양의 고전인『명심보감』에 "마음이 없으면 보아도 보이지 않고 들어도 들리지 않는다."는 구절이 있다. 관심이 좌우하는 것이다. 관심이 곧 세계를 연다.

이것은 수행에서도 마찬가지인데, 정작 수행이 관심임을 분명히 아는 경우는 드물다. 수행만이 아니라 기도도 관심을 한 곳에 집중하는 일이다. 보통은 신이나 불보살 등에 집중한다. 심지어 관심집중을 명확히 하기 위해서 아예 유일을 외치기도 한다.

그러나 최고의 관심은 현재를 있는 그대로 비추는 것이다. 이는 현재를 수용하는 것이며 동시에 현재를 밝히는 것이다. 현재가 수연과 자각의 실제 터전이다. 눈을 감고 명상에 들어 현재 자신을 있는 그대로 관찰하는 것은 곧 마음을 내려놓고 욕심을 버린 상태의 일이다. 휴심무욕休心無慾이 현재에 집중하게 하는 관심법이며 현재를 오롯이 드러내는 첩경이다.

불교를 이해하는 데 있어 가장 먼저 숙지해야 할 부분이 관심을 받으면 드러난다는 것이다. 그리고 그 다음이 직접 조용히 앉아 기도로 불보살의 명호를 드러내는 것이며, 참선으로 화두를 현전하게 하는 것이며, 명상으로 호흡을 드러나게 하는 것이다.

경전

경은 경율론經律論 삼장 중에서 가장 먼저 거론되는 것이다. 보통은 부처님의 말씀을 기록한 것을 경이라고 한다. 그러나 예외적으로 6조 혜능의 일대기를 기록한 것을 『육조단경』이라고 하여 중요한 저작일 경우 '경'이라 붙이기도 한다. 또는 부처님께 예경하기 위한 의례용 책자에 경을 붙이기도 한다.

이러한 경의 이해를 돕기 위하여 주석을 붙이거나 아니면 불교의 가르침을 설명한 것들을 논論이라고 부른다.

1. 『천수경』

불교의 경전을 팔만대장경이라고 한다. 엄청난 분량인데, 그중에서 일반불자들이 가장 많이 대하는 경전이 바로 『천수경』이다. 그러나 아이러니하게 『천수경』은 정통 교리 경전이라기보다는 의례를 위해 편집된 경전이다. 의례를 위해 집필된 경전이기에 불교의

식에 주로 참가하는 불자들에게 자연스럽게 가장 널리 알려질 수밖에 없다. 그래서 제일 먼저 『천수경』에 대해 알아보고자 한다.

『천수경』은 본래 명칭은 천수천안관자재보살 광대원만무애대비심 대다라니경千手千眼觀自在菩薩 廣大圓滿無崖大悲心 大陀羅尼經으로 관세음보살에 대한 경이다. 간단히 천수다라니라고도 한다. 요즘 불교의례의 시작 때에 읽는『천수경』은 이 천수다라니와 준제다라니를 전반부, 후반부로 합쳐서 만든 경으로 조선시대 때 편집된 것이다. 한마디로 경전 속에 산재한 중요 부분들을 편집하여 우리나라에서 만든 경으로, 천수다라니인 신묘장구대다라니(일명 대비주大悲呪)와 준제다라니를 독송하기 위해 만들어진 다라니 기도 경전이다.

기도 수행을 위한 경전이지만『천수경』이 육행六行에 해당하는 기도, 발원, 귀의, 송주, 찬탄, 참회를 모두 잘 갖추고 있어 기도와 의례에 경건한 마음으로 임하게 하므로 모든 법회의 시작에 늘 독송하게 되었다.『천수경』을 독송하다 보면 육행을 구체적으로 만날 수 있다.

2. 『반야심경』

『반야심경』의 본래 이름은 마하반야바라밀다심경摩訶般若波羅蜜多心經이다. 마하는 크다는 의미이며, 반야바라밀다는 지혜의 수행

또는 완성된 지혜를 의미한다. 바라밀다는 피안의 저 언덕으로 건너갔다는 의미가 있어 고해에서 열반과 해탈의 피안으로 온전히 건너간 것을 말하므로, 반야바라밀다는 온전히 이룬 지혜, 분별을 넘어선 지혜, 해탈의 지혜, 완성된 지혜로 번역한다. 그리고 심경은 그러한 마음의 경지를 밝힌 경이라는 말이다.

『반야심경』은 불교경전 중에서 가장 작은 경이지만 당돌하게도 크다는 의미인 마하라는 말이 붙어 있다. 불교 가르침의 핵심적인 내용이기 때문에 그러하기도 하지만 팔만대장경의 3분의 1에 해당하는 반야부경전의 정수를 담은 것이라 능히 마하라고 불릴 만한 경이기 때문이다. 가장 작지만 가장 널리 읽히는 경이다. 모든 예불과 의식 때 반드시 하는 경이다. 그러므로 『반야심경』의 내용에 대해서는 상세히 알 필요가 있다. 먼저 『반야심경』을 적어보자.

마하반야바라밀다심경
摩訶般若波羅密多心經

관자재보살 행심반야바라밀다시 조견오온개공 도일체고액
觀自在菩薩 行深般若波羅蜜多時 照見五蘊皆空 度一切苦厄

사리자 색불이공 공불이색 색즉시공 공즉시색 수상행식
舍利子 色不異空 空不異色 色卽是空 空卽是色 受想行識

역부여시 사리자 시제법공상 불생불멸 불구부정 부증불감
亦復如是 舍利子 是諸法空相 不生不滅 不垢不淨 不增不減

시고공중무색 무수상행식 무안이비설신의 무색성향미촉법
是故空中無色 無受想行識 無眼耳鼻舌身意 無色聲香味觸法

무안계 내지 무의식계 무무명 역무무명진 내지무노사 역
無眼界 乃至 無意識界 無無明 亦無無明盡 乃至無老死 亦

무노사진 무고집멸도 무지역무득 이무소득고 보리살타 의
無老死盡 無苦集滅道 無智亦無得 以無所得故 菩提薩埵 依

반야바라밀다고 심무가애 무가애고 무유공포 원리전도몽
般若波羅蜜多故 心無罣碍 無罣碍故 無有恐怖 遠離顚倒夢

상 구경열반 삼세제불 의반야바라밀다고 득아뇩다라삼먁
想 究竟涅槃 三世諸佛 依般若波羅蜜多故 得阿耨多羅三藐

삼보리 고지반야바라밀다 시대신주 시대명주 시무상주 시
三菩提 故知般若波羅蜜多 是大神呪 是大明呪 是無上呪 是

무등등주 능제일체고 진실불허 고설반야바라밀다주 즉설
無等等呪 能除一切苦 眞實不虛 故說般若波羅蜜多呪 卽說

주왈 아제아제 바라아제 바라승아제 모지 사바하
呪曰 揭帝揭帝 波羅揭帝 波羅僧揭帝 菩提 娑婆訶

관자재보살이 깊은 반야바라밀다를 행할 때, 오온이 공한 것을 비추어 보고 일체의 고통을 건너가셨느니라. 사리자여! 색이 공과 다르지 않고 공이 색과 다르지 않으며, 색이 곧 공이요 공이 곧 색이니, 수·상·행·식도 그러하니라.

사리자여, 모든 법은 공하여 나지도 멸하지도 않으며, 더럽지도 깨끗하지도 않으며 늘지도 줄지도 않느니라. 그러므로 공 가운데는 색이 없고 수·상·행·식도 없으며, 안·이·비·설·신·의도 없고, 색·성·향·미·촉·법도 없으며, 눈의 경계도 의식의 경계도 없고, 무명과 무명이 다함까지도 없으며, 늙고 죽음도 늙고 죽음이 다함도 없고, 고집멸도도 없으며, 지혜도 얻음도 없느니라.

얻을 것이 없는 까닭에 보살은 반야바라밀다를 의지하므로 마음에 걸림이 없고, 걸림이 없으므로 두려움이 없어서 뒤바뀐 헛된 생각을 멀리 떠나 완전한 열반에 들어가며, 삼세의 모든 부처님들도 반야바라밀다를 의지하므로 최상의 깨달음을 얻느니라.

반야바라밀다는 가장 신비하고 밝은 주문이며 위없는 주문이며 무엇과도 견줄 수 없는 주문이니, 온갖 괴로움을 없애고 진실하여 허망하지 않음을 알지니라.

이제 반야바라밀다주를 말하리라. 가는 이여, 가는 이여, 열반의 저 언덕으로 가는 이여, 온전히 건너지이다.

현대인에게는 한문이라 일단 어렵고 한글로 해석한 것은 철학적이라 더 어렵게 느껴진다. 그러나 의미를 되새겨보면 실로 깊은 지혜를 담고 있다. 그래서 어렵더라도 하나하나 풀어보자.

『반야심경』은 삼장법사로 잘 알려진 현장 스님이 번역한 것을 사용한다. 현장 스님은 나란다 대학에서 수학했는데, 그 이후 나란다 대학은 이슬람의 침입으로 폐허가 되었다. 현장 스님이 나란다의 정수를 중국으로 옮기는 역할을 하였다. 그래서 가장 늦게 불경을 번역한 경우에 해당되는데, 비록 늦게 번역했지만 직역을 하였기에 학술적인 가치가 높은 편이다.

첫 구절인 관자재보살은 관세음보살을 말한다. 그럼 왜 잘 알려진 관세음보살이라고 하지 않고 관자재보살로 번역했는가 하고

의문을 가질 것이다. 당 태종 이세민의 이름에 세世 자가 있어 세 자를 사용할 수 없어 그렇게 했다고 하는 설이 있지만, 그것보다는 '아발로키데슈와라'라는 원어를 그대로 직역하여 관이 자유자재한 보살, 즉 관자재보살이라고 하였다고 보는 것이 직역을 선호한 현장 스님의 맥락을 볼 때 더 설득력이 있다고 본다.

"관자재보살이 깊은 지혜의 수행, 즉 좌선을 하고 있을 때에 오온五蘊이 다 공空한 것을 보고 일체의 고통을 건너가셨느니라."라는 구절이 첫 구절이다. 여기서 알아야 할 것이 오온이다. 오온五蘊의 온蘊은 덮개라는 말이다. 다섯 덮개인데 색수상행식色受想行識을 말한다. 너무 깊이 들어가면 오히려 더 이해하기 어려우므로 자세한 것은 스스로 공부해보고 여기서는 이해를 위해 핵심적임 내용만을 설명하도록 하겠다.

색·수·상·행·식은 청정한 마음을 덮고 있는 다섯 덮개이다. 그 다섯 덮개를 비추어 보았더니 모두 공하였다는 말이다. 그래서 마음과 직통하고 일체의 고통을 건너갔다는 것이다.

표준 번역에 "일체의 고통을 건지시느니라."라고 되어 있는데, 이는 관세음보살이 깨닫고 나서 중생을 모두 구제하는 것에 초점을 맞춘 번역이다. 그러나 그 번역은 『반야심경』의 본의와 어긋난다. 관자재보살이 스스로 지혜를 닦아 고를 초탈하는 것이고, 그 해탈의 경지를 색즉시공 공즉시색 등등으로 나열하고 있으며, 마지막에는 열반해탈의 저 언덕인 피안으로 지혜의 수행을 통해 완전히 건너갈 것을 설하고 있다. 이런 전체적인 흐름을 보면 중생 제도의 표현이라기보다 "청정심淸淨心을 가린 다섯 덮개가 공한 것을 보고 일체의 고통을 건너가셨느니라."라는 관조적인 번역이 더 『반야심경』의 취지에 맞다. 그 이후의 어려운 말들은 모두 공의 실상을 부연한 것이다. 직접적인 좌선수행을 통해 스스로 풀어가 길 바란다. 『관세음보살보문품』이 자비심을 갖고 자비행을 하면 저절로 이해되듯이 『반야심경』도 직접 좌선수행을 하면 저절로 그 오의가 이해된다.

3. 『금강경』

『금강경』은 조계종의 소의경전이다. 소의경전이란 주로 의지하는 경으로 기독교의 성경과 같은 것이다. 한국불교의 대부분을 차지 하는 조계종이 참선하는 종단인 선종禪宗이라 참선의 이치에 부합 하는 『금강경』을 주된 경전으로 삼고 있다.

『금강경』은 금강반야바라밀경의 줄임말이다. 여기서도 반야바 라밀이라는 말이 나온다. 금강은 다이아몬드이고 반야바라밀은 지혜의 수행을 말하므로 합쳐서 해석하면 그 어떤 것으로도 파괴 할 수 없는 빼어난 지혜의 경전이라는 말이다.

『금강경』의 원어를 보면 그 어떤 것으로도 파괴할 수 없는 지혜 의 경전이라는 말이 아니라 정반대로 그 어떤 것이라도 파괴할 수 있는 벼락같은 지혜의 경이라는 말이다.

그런데 이렇게 『금강경』으로 번역된 까닭은 다이아몬드에 대한 상징성 때문이다. 다이아몬드는 보석 중에서 그 어떤 보석보다도 남다른 데가 있다. 고귀강미高貴剛美를 모두 갖춘 드문 보석이다. 보통 강하면 아름답지 못하고 아름다우면 강하지 못한 경우가 많은데, 다이아몬드는 그 모두를 갖추고 있는 데다 희귀함과 고귀함까지 갖추었다. 그래서 금강은 최상이라는 의미를 함축하고 있다.

결국 『금강경』은 최고로 빼어난 지혜의 경전이라는 말이다. 『금강경』을 해석한 『오가해』라는 책에 보면 "구중궁궐에 단정히 앉아 있어도 사해가 다 우러러보도다."라는 말이 있는데 『금강경』의 자태를 가장 잘 표현한 말이다. 직역 위주로 번역한 삼장법사 현장과 달리 뜻을 존중하여 빼어난 문장으로 번역한 천재 번역가 구마라습의 멋진 의역이 한껏 돋보이는 대표적인 경전이 『금강경』이다.

『금강경』을 잘 이해하려면 가장 먼저 질문부터 눈여겨보아야 한다. 그 다음으로 그 질문의 답에 해당하는 형상과 이름에 머물지 말 것을 주장하는 무주상無住相과 무사상無四相, 본래 정해진 것이 없음을 설파하는 무유정법無有定法과 머무름이 그 마음을 내라고 하는 응무소주應無所住 이생기심而生其心과 과거, 현재, 미래의 마음을 모두 붙잡을 수 없다는 과거심불가득 현재심불가득 미래심불가득을 주의 깊게 살펴보아야 한다. 그리고 그들을 정리한 사구게四句偈를 잘 들여다본다면 『금강경』의 본뜻을 깨달을 수가 있다.

『금강경』의 질문은 보리심을 발한 보살이 "응당히 어떻게 머물며 어떻게 헐떡이는 마음을 항복받을 수 있겠습니까?"이다. 한자로는 응운하주應云何住 운하항복기심云何降伏其心이다. 우리의 마음이 번뇌에 휩싸이고 고통 받는 이유는, 만사만물이 머무르는 바가 없는데 우리의 마음은 그것을 고정시키고자 하는 데 있다. 그래서 마음과 만사가 서로 일치하지 못한다. 이러한 불일치를 한마디로 멀미라고 한다.

자동차를 타고 가는데 운전자가 자기의 의도와 상관없이 급정거 또는 급회전을 하면 멀미를 하는 경우가 있다. 자기의 의도와 외부의 행위가 서로 불일치하여 멀미를 하는 것이다. 이럴 경우 해결책이 두 가지인데, 자기가 운전을 하거나 아예 마음을 내려놓으면 된다. 자기 주도형으로 만들면 멀미가 사라지는데 이는 자기 방식을 온 천하에 퍼트리고 포교하여 평안을 얻는 방법이다. 인류 역사의 주류였다.

그러나 반대로 자신을 내려놓고 외부 인연에 수순하는 수연隨緣의 방식으로 멀미를 면할 수도 있는데, 그렇게 하고자 하면 만사만물이 어떻게 돌아가는지 알아야 한다. 만사만물이 흐르는 길을 법法이라고 한다. 달리 일러 도道, 리理, 이성理性이라고도 한다. 그래서 법이 등장한다.

『금강경』은 만사만물의 법이 머무르는 바가 없다고 말한다. 응무소주 이생기심, 무유정법, 과거심불가득 현재심불가득 미래심불가득 같은 여러 용어로 그러한 속성을 강조한다. 만법이 머무르는 바가 없는데 우리의 마음은 집착에 빠져 아상我相으로 무장하고 있다. 그래서 자신의 의도와 다르게 외부가 흘러가면 멀미를 일으키고 번뇌를 일으키고 탐·진·치를 일으키므로 마음이 준동하며 항복이 되지 않는다.

"그 마음을 어떻게 항복 받으리이까?"『금강경』의 첫 질문은 알고 보면 인생질문이다. 마음의 집착을 제거하여 아상에서 벗어나고 마음의 집착에 기반한 나머지 인상人相, 중생상衆生相, 수자상壽者相을 벗어나 형상과 이름에 속지 않는다면 마음은 자유로워진다. 아상, 인상, 중생상, 수자상이 바로 그 유명한 사상四相이다. 아상은 이해가 쉽지만 인상, 중생상, 수자상은 다소 설명이 필요하다.

인상人相은 모든 것을 인간으로 보는 상이다. 구마라습은『금강경』원전에 있는 8상을 압축하여 4상으로 만들었는데, 원래의 8상을 보면 사부상士夫相이라는 것이 있다. 인상에 모두 포함시켜 설명했는데 요즘으로 말하면 신도 인간의 모습으로 여기고, 만물의 정령도 인간의 모습으로 그리는 것을 말한다. 인간이라는 상과 더불어 중생이라는 상인 중생상이 있는데 이는 말 그대로 자신을 중생으로만 여기는 상이다. 자존감이 낮아 자기비하를 하거나 죄인이라는 고정관념을 가지는 것을 말한다. 수자상은 수명에 집착하여 오래 살기를 바라거나 영생하기를 바라는 것이다.

자기 고집을 피우며 인간상이나 인격신에 집착하고 스스로를 죄인으로 비하하며 영생에 천착하는 것이 사상四相에 빠진 것이다. 사상에 빠지면 마음이 늘 헐떡일 수밖에 없다. 흘러가는 만사만물의 원리와 집착에 의한 아我, 인人, 중생衆生, 수자壽者가 서로 충돌하기 때문이다. 이러한 멀미에다 마음이 인과에 쉽게 속박되기까지 하므로 자유와 해탈은 갈수록 멀어진다.

『금강경』에서는 마음을 항복받기 위해 무주상無住相을 가장 먼저 설하는데, 우리의 마음은 무엇보다 인과에 약하여 주었으면 반드시 되돌아오는 것이 있어야 한다고 여긴다. 액션과 리액션인데, 쉽게 예를 들면 문자를 보냈는데 계속 답장이 안 오면 화가 난다. 마음이 파도치는 것이다. 인과는 세상이 유지되기 위해 필수적인 것이다. 그러나 그 필수를 이행하지 않았을 때 우리는 무엇보다 더욱더 분노한다.

베풀고 그 대가를 바라지 않는 것을 무주상보시라고 하는데, 그러한 아낌없는 베풂을 행할 때 마음은 진정한 자유와 평안, 행복과 사랑으로 가득 차게 된다. 이유는 인과를 떠났기 때문이다. 동기와 대가, 즉 인과를 벗어났으므로 윤회의 굴레와 덮개를 벗어나 마음이 자유로워지고 행복해지는 것이다.

우리의 마음이 헐떡임을 벗어나지 못하는 이유는 마음 앞에 대가에 해당되는 대상의 형상과 이름에 너무 천착하기 때문이다. 그 중 최고의 천착은 절대적인 존재에 대한 천착일 것이다. 그래서 『금강경』에서는 여래에 대한 형상적인, 이름적인 천착을 벗어나라고 사구게로 더욱 강조해서 말하고 있다.

범소유상 개시허망 약견제상비상 즉견여래
凡 所 有 相 皆 是 虛 妄 若 見 諸 相 非 相 卽 見 如 來

일체의 상은 모두 허망한 것이니, 만일 모든 상相이 상 아닌 것을 안다면 곧 여래如來를 보리라.

약이색견아 이음성구아 시인행사도 불능견여래
若 以 色 見 我 以 音 聲 求 我 是 人 行 邪 道 不 能 見 如 來

모양으로 나를 보려 하거나 소리로 나를 찾으면 그릇된 길을 가는 자이니 결코 여래를 볼 수 없으리라.

4. 『법화경』

불교가 전래되면서 초기불교의 지혜중심과 출가중심의 불교에서 점차 자비중심과 교화중심으로 변화되어 갔다. 전자를 소승불교라고 하고 후자를 대승불교라고 하는데, 『법화경』은 대승실교大乘實教라고 하여 대승불교의 핵심적인 가르침을 잘 보여주는 경전이다. 『금강경』과 더불어 가장 많이 읽히는 경전 중 하나로, 현대에도 널리 독송되고 사경이 행해지고 있으며 법화경 사상에 입각한 종파들도 꾸준히 태동하고 있다. 그만큼 불교역사에 큰 영향을 미친 경전이다. 그래서 『법화경』에 대해서 불자라면 꼭 제대로 알 필요가 있다.

『법화경』은 소승불교의 법에 대한 탐구로 부처를 이루는 방식에서 부처님을 믿는 방식으로 성불하는 것을 말하고 있다. 대승불교가 일어날 때 가장 먼저 조불조탑운동이 일어나는데, 조불조탑造佛造塔은 모두 부처님을 신앙의 대상으로 삼아 전개된 것이다. 불상과 탑이 모두 부처님을 상징하기 때문이다. 그래서 부처님을 신앙할 만한 존재로 만들어야 했다.

인간으로 태어나 법을 깨달아 인간으로 돌아가신 유한한 부처님은 신앙의 대상으로 적합하지 않았기에 유한한 부처님을 영원한 부처님으로 만드는 작업이 이루어졌다. 가장 중요한 부분이 부처님의 수명으로, 생멸하는 육신의 부처님이 아니라 본래 부처님은 영원한 수명을 지닌 존재이며 다만 사바세계의 중생들을 제도하기 위해 인간으로 오시어 성불을 보인 것으로 여긴다. 이것을 개시오입開示悟入이라고 한다. 부처님의 세계를 열어주고 부처님의 세계를 보여주며 부처님의 세계를 깨닫게 하고 부처님의 세계에 들게 한다는 말이다. 흔히 초파일에 부처님께서 일대사인연으로 이 세상에 오셨다는 표현을 자주 사용하는데, 바로 이 일대사인연이 석가모니 부처님께서 중생을 제도하기 위하여 개시오입의 인연으로 자비심 충만한 보살로서 오셨다는 말이다.

중생제도는 자비심이 그 근간이 되므로 자비의 대명사인 관세음보살이『법화경』에 역시 등장한다.『관세음보살보문품』이 그것이다. 지금 불가에서 주로 관음신앙을 하는데 그 근원이 바로『법화경』이다. 관음신앙의 대유행을 보면『법화경』이 얼마나 큰 영향을 끼쳤는지 금방 알 수가 있다.

개인의 깨달음과 해탈을 추구하던 대승 이전의 불교 풍토에서 보살사상을 선양하며 성문·연각·보살이라는 불교의 세 줄기 흐름, 즉 삼승三乘을 성불이라는 사고로 일통하였는데 이를 일불승一佛乘이라고 한다. 석가모니불을 비롯한 과거의 모든 부처님들은 이미 이룬 부처이고 지금 중생들은 앞으로 부처를 이룰 존재로 여기며 일불승 운동을 전개하고 있다.

석가모니 부처님이 이미 영원하신 부처님인데 중생에게 부처님의 세계를 열어주고 보이고 깨닫게 하고 들어가게 하기 위해 지상 중생들의 근기에 맞게 방편으로 성불을 보인 것이므로 방편과 근기가 경전의 중요한 요소로 등장한다. 지상 최대의 쇼를 석가모니 부처님이 하신 셈인데, 성불쇼와 교화를 위한 대기설법쇼가 그것들이다. 그래서 방편의 중요성과 대기설법을 경전에서 강조하고 있는 것이다.『법화경』에 등장하는 많은 훌륭한 비유들도 알고 보면 모두 중생의 근기에 입각한 설명들이다.

화성유품에 보면 밀림의 안내자가 다들 지쳐 밀림을 벗어나는 것을 포기하려고 할 때 얼마쯤 가면 쉴 만한 수려한 집과 음식들이 있다고 거짓으로 방편을 내어 마침내 험악한 밀림을 벗어나는 이야기가 나온다. 중생의 근기가 아직 미약하여 방편을 사용해야 함을 역설하고 있는 것이다. 삼계화택 이야기도 역시 마찬가지이다. 불난 집에서 아이들을 구출하는데 아이들은 유희에 빠져 불난 것을 믿지 않는다. 그래서 아버지는 아이들에게 장난감 수레를 주겠다고 꾀어서 불난 집에서 아이들을 구출한다. 방편을 내어 어르고 달래고 꾀어서 인도하는 것이다.

이런 비유와 방편이 모두 일곱 가지가 나오는데 이를 법화칠유法華七喩라고 한다. 이렇게 중생의 입장에서 교화하며 법으로 인도하는 것이 중요하므로 그러한 일을 수행하는 가장 이상적인 모델이 제시된다. 그가 바로 앞에서 말한 관세음보살이다. 너무 너무나도 유명하다. 『법화경』은 총 28품으로 되어 있는데 제25품에 관세음보살보문품이 나온다.

그러나 눈여겨보아야 할 부분은 바로 그 전의 제24품인 묘음보살품이다. 묘음보살품에 보면 관세음보살이 더 잘 이해되기 때문이다. 묘음보살은 일체중생의 근기에 맞게 교화하는 능력이 뛰어난데, 그 이유는 보살이 현일체색신삼매를 증득하였기 때문이다. 현일체색신삼매란 마음대로 중생의 가지가지 형상과 다양한 모습으로 변화할 수 있는 삼매이다. 그래서 온갖 형상과 존재로 변신하며 무량 중생을 제도하는 공덕을 성취한다. 묘음보살의 현일체색신삼매는 그대로 관음보살의 경지이다. 그래서 관음보살은 다양한 존재의 모습으로 나타나며 교화를 펼치는 존재이다. 아이에게는 아이의 모습으로, 호랑이에게는 호랑이의 모습으로, 심지어 소리에는 음악의 모습으로 무궁무진한 변화신을 나투며 일체중생을 폭넓게 제도한다. 이러한 교화를 보문시현普門示現이라고 한다. 여기서 보문普門이란 한 가지 모습으로 나타나는 것이 아니라 다양한 모습으로 나타나는 것을 비유한 것이다. 그래서 「관세음보살보문품」인 것이다. 이러한 보문이라는 말이 널리 회자되어 보문단지, 보문동, 보문산, 보문사, 보문고등학교, 보문로 등등으로 쓰인다. 모두 관세음보살과 관계가 있는 곳들이다.

불교신앙을 함에 있어 관세음보살을 알면 절반 이상을 알았다고 생각하면 된다. 선禪에서 임제선사가 석권하였다면 기도에서는 관음보살이 판쓸이하였다고 보면 된다. 이유는 우리에게 무한한 자비심을 안고 친절히 다가와 소원을 들어주고 법으로 인도해주는 보살이기 때문이다. 스님이나 신도를 막론하고 관음보살에 대한 흠모는 지역과 시대가 없다. 티베트의 달라이라마도 관음보살의 화신으로 여겨지고 있고, 중국·한국·일본 모두 관음보살이 대세이다. 그리고 과거나 현재나 모두 관음신앙이 널리 행해지고 있다.

『법화경』은 관세음보살을 위한 경이라고 해도 과언이 아니다. 실제로 『법화경』의 본래 의미가 '흰 연꽃의 가르침'인데, 그 흰 연꽃을 손에 들고 있는 존재가 바로 관음보살이다. 그리고 관음보살이 머무는 도량을 백화도량이라고 하는데, 백화라는 말이 흰 연꽃을 일컫는다. 의상 스님의 「백화도량발원문」은 무척 유명하며, 『법화경』과 관음보살 신앙의 광대함을 엿볼 수 있는 좋은 예가 되므로 적어보도록 하겠다.

★백화도량발원문

머리를 조아려 귀의하나이다.

본사 관음대성의 대원경지를 관찰하옵고 또 제자의 성정 본각에 계신 본사께서 수월로 장엄하신 무진상호를 관찰하옵고 또한 제자의 공화空花 같은 유루 형태의 의보依報와 정보正報를 관찰하오니 밝고 더럽고 괴롭고 즐거운 차이가 있나이다. 이제 관음보살의 대원경지 가운데 있는 제자의 몸으로 귀명정례하오니 제자의 거울 가운데 계신 관음대성이 소리를 발하사 가피를 입혀 주소서.

바라옵건대 제자는 세세생생에 관세음을 일컬어 본사로 삼되 보살이 아미타여래를 이마에 이고 계신 것같이 제자 또한 관음대성을 이마 위에 정대하고 십원육향十願六向과 천수천안千手千眼과 대자대비大慈大悲를 모두 균등하게 지니며 이 세상과 저 세상에서 몸을 버리거나 몸을 받는 곳마다 그림자가 형상을 따르는 것같이 항상 보살의 설법을 듣고 참된 법을 널리 퍼뜨리며 법계 안의 모든 중생이 다 함께 대비주를 외우고 보살의 명호를 염하여 다 같이 원통삼매圓通三昧의 성품바다에 들어지이다.

또 바라옵건대 제자의 이 몸이 다할 때 대성께서 광명을 놓으셔서 모든 두려움을 떠나 마음이 편안하게 해주시고 잠깐 사이에 백화도량에 화생하여 여러 보살들과 함께 바른 법을 듣게 하소서. 법류수法流水에 젖어들어 찰나찰나 사이에 심성이 더욱 밝아져서 여래의 무생법인無生法忍을 깨달아지이다. 지극한 마음으로 관음대성께 귀명정례하나이다. 나무 석가모니불 나무 석가모니불 나무 시아본사 석가모니불

_영남불교대학 번역 퍼옴

5. 『화엄경』

흔히 중국불교를 화엄, 천태, 선종의 세 가지 꽃이 넓은 지역에서 만발한 것으로 비유한다. 이러한 현상은 대승불교권인 한국의 경우도 마찬가지이다. 지역이 협소하다 보니 동시대에 모두 개화하기보다 시대 순으로 개화했는데 신라에서는 화엄, 고려에서는 천태법화, 조선에서는 선종이었다.

　　조선에서 선종이 주도가 된 이유는, 숭유억불정책으로 노비가 되어 그동안 가던 유학도 못 가고 또 안으로는 밀밀히 전승되기는

하였지만 유교에 반하는 불교교리를 대놓고 강의하거나 가르치기가 어려웠기 때문이며, 자연스럽게 그냥 묵묵히 소리 없이 닦는 선종이 상대적으로 제약을 덜 받았기 때문이다. 지금은 선종인 조계종이 득세한 상황에서 법화의 관음신앙이 널리 행해지고 있고, 또 교학에서는 원효와 의상 스님의 화엄교학에 대한 연구가 활발하므로 세 가지 모두가 동시에 피어 있는 상황이다.

경전에만 입각해서 보면 우리나라의 불교를 화엄불교라고 할 정도로 『화엄경』이 차지하는 비중이 높다. 말한 대로 원효 스님과 의상 스님이 모두 화엄학의 대가였고, 그 후대의 많은 강사들이 화엄학에 매진하였다. 그래서 『화엄경』에 대해서 살펴볼 필요가 있다. 『화엄경』은 산스크리트본이 있었다고 하지만 십지품과 입법계품만 전한다. 그래서 나머지는 후대에 추가되었을 것으로 여기는 경우가 많다.

십지품은 보살이 수행을 해가며 오르는 열 가지 단계를 기술한 것이고, 입법계품은 선재동자가 법을 찾아 성속을 막론하고 여러 선지식을 찾아다니는 과정을 그린 것이다. 선재동자 구법기는 유명하여 문학의 소재로도 많이 등장한다.

『화엄경』의 원제목은 대방광불화엄경이며 40화엄, 60화엄, 80화엄이 전하는데, 이 중에서 40화엄의 보현행원품이 유명하다. 보현행원품은 후에 백팔대참회문을 낳아 사찰에 가면 108배를 할 때 읽으면서 절하는 경우가 많다.

한국불교의 의례에서 『화엄경』은 큰 비중을 차지하는데, 지금 매일 부처님께 예경 드릴 때 하는 칠정례도 『화엄경』의 대예참, 소예참이 아주 간략하게 정리된 것이다. 또 아침에 대중을 깨어나게 하기 위해 가장 먼저 하는 도량석이라는 것이 있는데, 그 도량석을 할 때 목탁소리에 맞춰 『화엄경』을 압축한 「화엄경 약찬게」를 하였다. 예불의식의 대부분이 『화엄경』을 근간으로 해서 나온 것이다.

한국불교는 화엄의 영향을 보여주듯 중요 사찰이 화엄과 관계된 곳이 많다. 화엄십찰이라고 하는데 화엄사, 해인사, 범어사, 갑사, 부석사 등이 화엄십찰의 하나이니 그 영향을 짐작할 수 있다. 해인사의 사명寺名인 해인海印은 『화엄경』의 삼매인 해인삼매에서 비롯된 것이다. 해인삼매는 고요한 바다가 만상을 어리게 하듯이 고요한 마음, 적심적광寂心寂光이 중중무진연기重重無盡緣起 제망찰해帝網刹海의 실상을 깨닫게 하는 경지를 말한다.

이외에도 『화엄경』을 연구하던 사찰이 많은데, 대표적으로 고창 선운사도 화엄학을 널리 선양한 도량이다. 고창 선운사의 화엄사상은 설파 스님과 백파 스님으로 이어지며 근대에 화엄학의 산실이 되었다. 추사 김정희를 비롯하여 한국문단의 주류인 춘원 이광수, 미당 서정주, 신석정, 조지훈 같은 기라성 같은 시인들을 배출하는 산파 역할을 하였다. 그리고 근대 이후 최고의 강백인 운허 스님을 비롯하여 만해 한용운, 박한영 등도 모두 화엄학을 수학하였다. 한마디로 원효, 의상을 비롯하여 한국불교의 중추적 역할을 담당한 것이 바로 화엄학이었다. 이러한 화엄사상의 핵심은 사법계관四法界觀과 일체유심조一切唯心造이다.

일체유심조는 불자들이 지금도 널리 인용하는데, 모든 것은 마음이 짓는다는 말이다. 사법계관은 좀 설명이 필요한데, 네 가지 분류를 통해 법을 이해하는 것이다. 네 가지 분류란 사법계事法界, 이법계理法界, 이사무애법계理事無礙法界, 사사무애법계事事無礙法界이다.

『화엄경』은 세계를 중중무진의 연기현상으로 파악한다. 중중무진의 인연연기로 이루어진 세계이므로 제망찰해帝網刹海라고 말한다. 불교 예불문 앞부분에 이 구절이 나오는데 "지심귀명례至心歸命禮 시방삼세十方三世 제망찰해帝網刹海 상주일체常住一切 불타야중佛陀耶衆"이 그것이다. 여러 개의 맑은 구슬이 있을 경우 한 구슬에 다른 구슬이 비춰들고 다른 구슬에 다시 다른 구슬들이 비춰들며 중중으로 무한히 이어지는 세계가 우리가 보는 세계이다. 서로가 서로에게 들어가지만 장애가 없이 무진연기無盡緣起를 펼치는데 이것을 상즉상입相卽相入 원융무애圓融无涯라고 한다.

의상스님의 화엄일승법계도, 즉 법성게를 보면 서로 연환되며 끝없이 이어진다. 법성게에 "일중일체다중일一中一切多中一 일즉일체다즉일一卽一切多卽一 일미진중함시방一微塵中含十方 일체진중역여시一切塵中亦如是"라는 구절이 나온다. 화엄사상을 이해하는

데 도움이 되므로 해석하면 "하나 가운데 일체가 들어 있고 일체 가운데 하나가 들어 있다. 먼지 가운데 시방세계를 함유하고 있고 일체의 먼지에도 역시 그러하다."인데 다소 어렵다.

알기 쉽게 예를 들면, 「맨인블랙」이라는 영화를 보면 강한 에너지를 지닌 은하계를 찾아 헤매는데 알고 보니 고양이 목에 걸린 방울 안에 들어 있다. 이처럼 눈에 삼라만상이 들어가듯이 온 우주가 작은 먼지 속에 들어 있다고 여기는 것이 화엄사상이다. 이것을 줄여서 일즉다一即多 다즉일多即一이라고 한다. 전체와 개체가 서로 원융하게 존재하는 세계라는 말이다.

서양의 사고와 동양의 사고는 무척이나 서로 상이한 면이 있다. 서양은 수학과 논리를 발달시켜 왔는데 동양의 경우는 직관을 발달시켜 왔다. 그리고 서구는 개인주의와 독립성을 강조한 반면 동양은 전체주의와 상호의존성, 즉 관계를 중시하였다. 『화엄경』은 동양의 사고구조를 잘 보여주는 경전이다. 『화엄경』의 일즉다 다즉일 사상은 한마디로 수數를 의미 없게 만들어버린다. 한 개와 여러 개의 차별이 사라진 원융세계이므로 통일과 합일의 아름다움이 있지만 개체와 독립성을 드러내기가 어렵다. 많은 강을 포함한 바다가 통일統一水의 장관이지만 세밀한 개체를 밝히는 데 취약하다. '우리 마누라'라는 말에서 보이듯이 우리를 강조한다. 서양은 상상하기 어려운 단어이다.

서양이 원자라는 극단적으로 작은 개체를 생각했다면 동양은 해인삼매海印三昧를 생각했다. 덩어리를 쪼개고 쪼개어 더 이상 쪼갤 수 없는 상태가 존재의 본질이라고 보는 서양의 사고는 데카르트에게서도 발견되는데, 의심하고 의심하여 더 이상 의심할 수 없는 것을 명증성이라고 하며, "나는 생각한다. 고로 존재한다."는 것이 바로 더 이상 의심할 수 없는 대명제라고 하였다. 그러한 명증성에 기초하여 서양은 세계와 존재가 소립자, 원자 같은 작은 개체들이 논리적·합리적으로 조합되어 이룩된 현상이라고 보았는데 오늘날 용어로 디지털 방식이다.

반면 동양은 모든 것이 연결된 파동으로 보고 개체는 그 파동들이 잠시 뭉쳐진 것으로 보며 또 개체가 전체와 유기적으로 연결되어 있다고 본다. 한마디로 아날로그 방식이다.

서양은 깨알같이 부서지는 빛을 보고 있었고 모든 사물이 나누어지는 낮을 보고 있었다. 반면에 동양은 물을 보고 있었고 사물이 한 덩어리가 되는 밤을 보고 있었다. 하나가 곧 다수가 되고 또 중생이 곧 깨달음이 되는 대화엄은 동양만의 독특함이다. 이러한 원융무애의 세계를 4단계로 나누어 설명하는 것이 사법계관이다.

사법계事法界는 차별이 있는 우리의 현상세계를 말하고, 이법계理法界는 본질적인 진리의 세계를 말한다. 그리고 이사무애법계理事無礙法界는 현상세계와 진리세계가 서로 장애가 없는 세계로 번뇌즉보리煩惱卽菩提, 중생즉불衆生卽佛의 경지이다. 번뇌가 곧 깨달음이며 중생이 곧 부처라는 것이다. 마지막으로 사사무애법계事事

無礙法界는 중생과 중생, 현상과 현상의 일들이 본래 서로 장애가 없는 경계이다. 한마디로 현상 그 자체가 한 덩어리 법의 바다라는 말이다. 이것을 일심무쟁一心無爭이라고 하고 달리 일러 화엄華嚴이라고 부른다. 합일과 통일의 대환희경이며 대안락경大安樂境이다.

우리는 살아가면서 많은 장애를 느낀다. 그러나 자세히 보면 그 것은 장애가 아니다. 예를 들면 파리가 나를 귀찮게 하는 것이지만 한편에서는 똥을 분해하며 나의 앞길을 쾌적하게 해주고 있다. 또 자식을 교육시켰는데 공부를 못해 부모의 속이 상하는 경우가 많지만 공부 못하는 자식이 부모의 일을 도와 서로 행복하게 가족적으로 살 수도 있다. 모든 것은 이처럼 마음먹기 나름이다. 일체유심조가 되는 것이다.

한 생각 돌이키면 서 있는 곳이 극락이 되고 여기서 못 피면 저기서 핀다. 흐르는 물이 이 나뭇가지에서 피우지 못하면 다른 가지를 만들어 그곳에서 꽃 피우니 세상 전체가 화려하고 장엄한 꽃밭이다. 이처럼 다양하게 피어나는 모습이 세계의 실상이다.

『화엄경』의 본래 이름이 잡화雜花인데, 잡화라는 말을 보면 『화엄경』의 일대사상을 그 한마디로 느낄 수 있다. 사법계관은 후에 신유학사상에 큰 영향을 미쳐 정명도, 정이천, 주자가 정립한 성리학의 이기론理氣論을 탄생시키는 데도 크게 기여한다. 그리고 그 이기론은 조선시대에 이황과 이이에 의해 주리론과 주기론으로 발전하였다. 『화엄경』이 동아시아의 사상사에 큰 비중을 차지하고 있는 것이다. 『화엄경』의 정수를 기록한 법성게를 적는다.

*의상조사 법성게

법성원융무이상 제법부동본래적 무명무상절일체 증지소지비여경
法性圓融無二相 諸法不動本來寂 無名無相絶一切 證智所知非餘境

진성심심극미묘 불수자성수연성 일중일체다중일 일즉일체다즉일
眞性甚深極微妙 不守自性隨緣成 一中一切多中一 一卽一切多卽一

일미진중함시방 일체진중역여시 무량원겁즉일념 일념즉시무량겁
一微塵中含十方 一切塵中亦如是 無量遠劫卽一念 一念卽是無量劫

구세십세호상즉 잉불잡란격별성 초발심시변정각 생사열반상공화
九世十世互相卽 仍不雜亂隔別成 初發心時便正覺 生死涅槃常共和

이사명연무분별 십불보현대인경 능인해인삼매중 번출여의부사의
理事冥然無分別 十佛普賢大人境 能人海印三昧中 繁出如意不思議

우보익생만허공 중생수기득이익 시고행자환본제 파식망상필부득
雨寶益生滿虛空 衆生隨器得利益 是故行者還本際 叵息妄想必不得

무연선교착여의 귀가수분득자량 이다라니무진보 장엄법계실보전
無緣善巧捉如意 歸家隨分得資糧 以陀羅尼無盡寶 莊嚴法界實寶殿

궁좌실제중도상 구래부동명위불
窮坐實際中道床 舊來不動名爲佛

법의 성품은 원융하여 둘이 아니다. 모든 법은 부동하여 본래로 고요하고 이름과 형상을 떠나 일체가 끊어졌다. 오직 깨달음으로 알 수 있을 뿐 지식과 사량으로 알 수가 없다. 진실한 본성품은 극히 미묘하여 자신의 본성품을 그대로 지키지 않고 인연 따라 이루

어진다. 하나 가운데 여럿이 있고 여럿 가운데 하나가 있어 하나가 모두이고 모두가 하나이다. 티끌 속에 온 세계가 들어 있으니 모든 티끌도 역시 그러하다. 무량의 세월이 한 생각이고 한 생각이 무량겁이다. 삼세 속에 또 삼세가 들어 있으나 서로서로 혼란되지 않고 각각 잘 이루어진다. 그러므로 처음 발한 보리심이 곧 부처의 깨달음이요 생로병사와 열반이 서로 다르지 않아 함께 조화를 이룬다. 진리와 현상이 차별이 없으니 모든 불보살의 경지이다. 부처님의 해인삼매 중에 자유자재로 불가사의한 삼라만상이 무수히 펼쳐진다. 생명을 이롭게 하는 보배로운 감로비가 허공에 가득하니 중생들이 각자의 근기에 따라 취하여 큰 이익을 얻는다. 이런 까닭에 수행하는 이가 근본으로 돌아가고자 한다면 망상을 쉬지 않을 수 없다. 망상을 쉰 무연無緣의 좋은 기교로 여의주를 잡고 집으로 돌아가 훌륭한 양식을 얻는다. 이 다라니, 법성게는 무진의 보배이다. 장엄법계가 곧 실제로운 보배궁전으로 그곳에서 궁극의 중도좌中道座에 앉아 예로부터 움직이지 아니하는 존재를 불佛이라 이름한다.

경전

212

불교사

불교의 역사는 지금으로부터 2,500여 년 전에 석가모니가 태어나 보리수 아래에서 성도하고 녹야원에서 처음으로 설법을 하면서 시작되었다. 부처님 당시에도 여러 왕국과 왕, 대신들의 귀의를 받았지만 인도를 통일했던 아소카왕이 가혹한 전쟁 후에 참회하고 불자가 됨으로서 인도 전역을 비롯하여 인도를 넘어 동서지역 곳곳에 활발히 불교가 전래되었다. 아소카왕은 비록 불교를 믿었지만 다른 종교에도 관대한 포용정책을 시행하였다.

불교의 역사를 보면 다른 종교들과는 다른 특징이 있는데, 포용과 환대였다. 부처님 당시의 왕들도 모두 부처님을 환대하였고 부처님도 팔정도가 있으면 진리가 있다고 하며 다른 사상들을 포용하였다. 지금도 절에 가면 그 나라의 민속종교들과 함께 부처님이 존재한다. 환대와 포용은 불교사에서 무척 중요한 모습이다. 이는 중국으로 불교가 전래될 때도 마찬가지였다. 이미 중국과 인도 사이의 히말라야 소국들도 앞다퉈 불법을 환대하였다.

중국의 경우 여러 황제들이 불법에 관심을 가지고 환대하며 절을 지어 불법을 옹호하였다. 물론 간혹 폐불閉佛들이 있었지만 전체적인 흐름은 환대와 포용이었다. 환대와 포용이라는 공기 아래 불교는 전래와 불법을 홍보하는 과정에서 단 한 번도 전쟁을 하지 않았다. 이러한 환대와 포용, 비폭력의 포교는 인류종교사에서 불가능에 가까운 일로, 불교사를 이해하는 데 항상 염두에 둘 필요가 있다.

1. 소승불교

불교의 시대 구분은 부처님 당시의 근본불교시대, 부처님 입멸 후 200년 정도를 원시불교시대, 아소카왕에 의한 불교 교단의 급속한 발달과 그로 인한 교파의 분열이 일어났던 부파불교시대, 마지막으로 서력기원 전후로 일어난 대승불교운동으로 크게 나뉜다.

대승불교운동가들이 다 함께 성불하고 다 같이 부처님의 세계에 가고자 하는 자신들의 방법을 큰 수레에 비유하고, 출가 위주와 자기 수행을 통해 개인성불과 해탈을 추구하는 기존 불교의 무리들을 작은 수레로 낮추어 부른 데서 소승小乘이라는 용어가 생겨났다. 그래서 소승불교라는 말은 불교사의 용어로는 적합하지 않지만 일반인들이 잘 알고 있는 소승과 대승大乘으로 불교사를 설명하고자 한다.

대승불교의 입장에서 보면 원시불교와 부파불교 모두가 소승불교이다. 그러나 실상을 보면, 부처님 입멸 후에 부처님이 정해주신 계율을 모두 있는 그대로 변경 없이 지키자는 보수적인 상좌부와 시대 변화에 따라 계율을 다시 재해석해야 한다는 진보적인 대중부로 분열이 일어난다. 십사十事논쟁이라고 하는데, 계율의 열 가지 부분에 대한 견해 차이를 말한다. 교단 최초의 분열은 이 계율의 해석 차이로 인해 일어났다.

　십사논쟁 후에 대중부는 별도로 모여 제2차 결집을 하게 된다. 그리고 그 후 교단이 발달하고 확장됨으로써 상좌부와 대중부 모두에서 분열이 일어나 부파불교시대를 열었다. 이러한 교단의 분열과 확장은 불교의 대대적 전파가 이루어지면서 일어난 자연스러운 현상이었다.

　처음의 계율에 의한 분열을 넘어 이제 법에 대한 해석 차이로 18~20개 정도로 교단이 나뉘어졌다. 이것을 상좌부와 대중부의 근본적인 분열 2부와 그로부터 파생된 18부파를 합하여 소승 20부라고 하는데, 오늘날 우리가 소승이라 부르는 불교의 실체이다.

　소승불교는 계율과 법에 대한 해석 차이로 나누어졌지만 실제로는 부처님의 계율과 법에 충실한 불교였다. 대승에서 폄하해서 부르지만 소승불교가 계율과 법에 대한 탐구의 시대였으므로 오늘날 법에 대한 연구를 뜻하는 아비달마시대라 부른다.

　부처님에 의해 시작된 불교가 결정적인 전기를 맞게 되는데, 바로 아소카왕의 등장이었다. 마우리아 왕조의 제3대 왕으로 최초로 인도를 통일시킨 전륜성왕이 된 사람이 아소카왕이다. 그러나 통일 과정에서 칼링가국과 싸우면서 10만 명이 죽고 수십만 명이 포로가 되고 질병과 전쟁 후유증으로 죽게 되는 대참사를 겪게 된다. 이에 크게 충격을 받은 아소카왕은 무력보다 덕치로 다스리게 된다. 그래서 불교를 널리 전파하고 오늘날 아소카석주라 불리는 석주를 세워 부처님을 기렸다. 그리고 여행자와 순례자를 위해 길에 나무를 심고 군데군데 우물을 파고 기타 여행시설을 마련하고 수시로 점검하였다. 생활에서도 여러 도덕과 미덕들을 권장하고 실천하여 나라에 태평한 기운이 흘렀다.

아소카왕은 불교성지에 석주를 세우는 것과 더불어 북인도지역 종교였던 불교를 인도 전역의 종교가 되게 하였고, 스리랑카·미얀마·이집트·그리스·북아프리카까지 광범위한 영역에 불교를 전래하였다. 불교만이 아니라 다른 종교에도 무척 관대하게 대하였고, 왕자나 공주들도 불교를 전하는 데 앞장섰다. 이러한 전통은 후일 불교가 전해진 여러 왕국에서 공통적으로 나타났는데 그모범이 아소카왕이었다. 그리고 경전의 결집에도 앞장서 제3결집을 아소카왕 시절에 하게 된다.

불교는 중요한 결집이 모두 네 번 있었는데, 제1결집은 붓다 입멸 직후 칠엽굴에서 가섭을 비롯한 부처님의 제자들이 한 결집이고, 제2결집은 불멸 후 율의 문제를 조정하기 위해 700명의 스님들이 모여 한 결집이며, 제3결집이 아소카왕 때의 결집이다. 그리고 제4결집은 서력기원 직후에 쿠샨 왕조 시절에 이루어진 결집인데 최초로 경전을 문자화했다고 전해진다. 로마에 기독교를 공인한 콘스탄틴 대제가 있었다면 인도에는 아소카왕이 있었던 것이다.

2. 대승불교

소승불교가 개인의 성불과 해탈을 위해 계율과 법에 대한 자리적自利的이고 지식적인 탐구에 몰두하며 여러 부파로 나누어지자 불교계에서 자성의 목소리가 높아졌다. 그들은 다시 부처님으로 돌아가자고 외쳤다. 그리고 신도들을 중심으로 부처님의 모습을 조성하고 부처님을 뜻하는 탑을 조성하는 운동을 일으켰다. 부처님께로 다시 돌아가자는 복본複本운동과 조불조탑造佛造塔운동이 결합되어 대승불교가 탄생하였다.

늦게 탄생한 대승불교는 부파불교를 소승불교라고 격하하며 성문聲聞이라 칭하고 자신들은 부처님의 깨달음을 구하면서 동시에 불법을 포교하는 보살菩薩이라고 하였다. 주어진 고대광실에서 오로지 탐구자처럼 법을 연구하기만 하는 당시의 분위기에서, 부처님이 길거리에서 40여 년 간을 법을 전한 것을 강조한 것이었다.

무엇보다 법이 부처님 당시보다 훨씬 알아듣기 힘들 정도로 더 복잡하고 난해해진 것이 문제였다. 그래서 대승불자들은 그렇게 복잡한 법을 알고 싶은 것이 아니라 부처님을 믿고 싶다고 외치며 조불조탑운동을 전개하였다. 자각과 믿음, 지혜와 자비를 겸비해야 한다고 주장했지만 실제로는 자각보다는 믿음, 지혜보다는 자비가 더 선양되었다.

대승불교운동은 서력기원전 2세기와 1세기에 걸쳐 일어나 서력기원을 지나 7~8세기에 크게 흥기한다. 대승불교가 흥기하게 된 데에는 대승 논사論師들이 기존의 소승불교에 대응하여 대승의 학설을 효과적으로 펼친 것도 큰 영향이 있었다. 대표적인 사람이 용수인데, 용수는 제2의 붓다라고 불릴 정도로 대승교학의 정립에 큰 역할을 하였다. 『중론中論』 등에서 부처님의 사상을 공관空觀으로 체계화하여 대승경전에 법의 자양분을 불어넣었다. 오늘날 불자들이 가장 많이 읽는 『반야심경』이 공사상을 피력하고 있는 것을 보면 그의 영향력을 가히 짐작할 수 있다. 용수 이외에도 유식학唯識學의 대가인 무착, 세친, 미륵 등등이 대승교학을 발달시켰다. 공관, 유식을 거쳐 여래장을 거친 대승불교는 밀교라는 새로운 불교로 발전하였다.

대승불교의 이러한 화려한 전개는 동아시아로 전파되어 중국, 한국, 일본 불교를 낳았다. 보살사상을 내세우며 자비를 선양한 대승불교가 감성적인 토양이 깊은 동아시아에 불교를 받아들이기 용이하게 하였다. 대승불교는 동아시아로 진출하면서 반야계통과

정토계통으로 뚜렷이 구분되며 아시아 전역에서 크게 흥기하게
된다.

중국불교를 한마디로 화엄華嚴, 천태天台, 선종禪宗이라고 하는
데, 당송唐宋 연간에 중국에서 불교가 활짝 꽃을 피운다. 그리고
명청明淸에 이르면 선과 정토가 서로 융화되었다.

선과 정토의 융화는 오히려 불교의 약화를 초래하였다. 그것은
마치 뜨거운 물과 찬물을 섞어 미지근한 물로 만든 것과 같았다.
현실적으로 보면 명나라가 건국하면서 주원장이 육유六諭를 발표
하여 유교를 서민들에게까지 확장하였던 것이 큰 원인이었다. 그
리고 유교를 이념으로 건국된 조선의 경우도 역시 유학의 이념에
따라 억불숭유抑佛崇儒정책을 시행하면서 동아시아에서 불교는
퇴조하기 시작하였다.

3. 밀교

밀교는 대승불교가 한창이던 7세기경에 정립되었는데, 불교를 기
반으로 인도의 전통사상의 영향을 받아 형성되었다. 초기에는 구
업口業의 정화를 목적으로 하여 진언과 다라니를 발달시켰다. 진
언은 짧은 문장이고, 다라니는 긴 문장이다.

구업의 정화를 목적으로 한 초기의 밀교를 순밀純密이라고 한
다. 이후 밀교는 복잡다단하게 발달하여 인간의 삶 전체를 수행의

재료로 삼았다. 그림, 음악, 공양, 절, 남녀의 사랑, 심지어 죽음을 통해서도 깨달음을 추구하고 부처님을 친견하고 부처님의 세계에 들고 열반에 이르고자 하였다. 더 웨이 오브 니르바나The way of nirvana라는 표현에서 보이듯이 삶 전체를 열반도涅槃道로 여길 정도로 생활 실천적이었다.

이러한 밀교의 탄생 배경을 보면, 대승불교가 확산되면서 많은 대승불교가 소승불교의 아비달마처럼 교학적·철학적인 경향을 다시 강하게 띠기 시작하였다. 과거처럼 다시 대중과 유리가 일어났는데, 때마침 흥기하고 있던 인도의 탄트라 사상이 밀교라는 새로운 불교를 탄생시켰다.

밀교가 인도에서 대중화되면서 파드마삼바바에 의해 티베트에 밀교가 전해졌다. 인도에서도 밀교의 금강승들이 왕실의 보호를 받으며 성장하여 마침내는 불교교학의 산실이던 나란다 대학마저 밀교화되었다. 이슬람의 침입으로 완전히 폐허가 될 때까지 나란다 대학은 대승불교와 밀교교학의 중심이었다. 『서유기』에 나오는 삼장법사 현장이 수학한 곳으로, 현장이 그곳의 경전들을 중국으로 가져오고 난 후에 나란다 대학은 역사의 무대에서 사라졌다. 그래서 대승불교의 중심이 인도에서 중국으로 옮겨지게 되었다.

중국이 대승불교 중에서 현교顯敎의 메카가 되었다면, 티베트는 중국불교와 인도불교의 논쟁에서 인도불교가 승리함으로써 밀교密敎의 중심지가 되었다. 이 논쟁은 당시에도 대화제였지만 오늘

금륜사 만다라

날 독특한 티베트불교를 우리가 볼 수 있게 된 중요한 전환점이었
다. 진화론을 보면 종種들이 나뭇가지처럼 분기分岐해 가는데, 당
시의 논쟁이 그 분기점과 같아 이후 중국불교와 티베트불교는 현
교와 밀교라는 완전히 판이한 길을 걷게 된다. 밀교를 받아들인
티베트는 정치와 종교가 일체가 된 라마교로 발달시켜 히말라야
의 깊은 산속에서 변함없이 오늘날까지 신앙하고 있다.

　　현교는 언어와 사량으로 드러난 모든 교학을 일컫는 말로, 우리
가 아는 대부분의 불교교학이 현교이다. 밀교는 공개적인 가르침
이 아니라 비밀스러운 작법을 통한 가르침들을 말한다. 그러나 이

것만으로는 밀교라는 단어를 다 근본적으로 설명할 수가 없다.

밀교라는 말을 설명하자면 '밀密'이라는 말이 형성된 기원부터 살펴보아야 한다. 밀이란 단어는 경전이라는 말에서 비롯되었다. 물론 밀이란 말은 예전에도 있었지만 오늘날 우리가 부르는 밀교의 밀은 경전이라는 용어와 관계가 있다. 그리고 경전이라는 말은 직조織造, 직물織物과 관계가 있다.

우리에게 캐시미어로 알려진 순모직물은 히말라야 카슈미르 지역의 직조물이다. 이 직조의 원형은 과거 청동기시대인 모헨조다로 인더스 문명으로까지 거슬러 올라간다. 역사가 무척 오래된 것이다. 그리고 1500년대 이후 이탈리아에서 벨벳이 본격적으로 생산되기 시작하여 오늘날에도 벨벳이라고 하면 이탈리아이다.

이러한 비단들을 짜기 위해서는 바탕이 되는 세로방향의 실인 경사經絲와 가로방향의 실인 위사緯絲의 교차가 필요하다. 바탕이 되는 세로방향의 실에서 경經이라는 말이 나왔다. 그래서 경은 바탕이 되고 근본이 되는 가르침을 말하고 주요 가르침을 묶어 놓은 것을 지칭하는데, 수트라sūtra 또는 수타sutta라고 한다. 이 말이 중국에 전해져 경전經典이 된 것이다. 그리고 가로방향의 위사는 실이 들어가는 방법과 기교에 따라 다양한 질감과 장엄이 이루어지는데 탄트라라는 말이 거기에 연원을 두고 있다. 가로세로의 실이 틈새 없이 맞물려 하나가 되는 것이 밀密이다. 그리고 그 비밀스러운 하나됨 가운데 의식의 확장이 일어나 근원과 합일하는 것이 탄트라이며 밀교이다.

그렇게 서로 틈새 없이 짜여 하나가 되고, 갈수록 확장되면서 장엄하고 온전한 형태를 나타내는 것은 비단이다. 그런 의미에서 자연과 우주도 일종의 비단이며, 부처님의 세계를 표현하는 만다라도 하나의 비단이다. 세계들이 모두 곧 비단인 셈이다. 밀교스님들은 이 만다라를 그리거나 또는 만다라를 마음으로 관상觀想하면서 수행하기도 한다.

대승불교의 마지막 불교운동이었던 밀교는 인도의 힌두교와 유사하여 인도에서 불교의 독특한 특색이 사라지게 만들었고, 결국 인도에서 불교가 사라지는 결과를 낳았다.

대승불교의 이상은 보디사트바, 즉 부처님의 진리를 중생에게 구현하는 것이다. 대승불교의 보살사상에서 시작하여 밀교의 금강승으로 발달해 가는 과정을 보면 현실생활로 불교가 점점 더 깊이 들어가고 더 깊이 유착되어 가는 것이 보인다. 이는 초기에 현실을 고해로 보고 계율과 바른 법의 이해를 통한 해탈을 추구하는 흐름과는 정반대의 경향을 띤다. 그래서 밀교에 이르러 불교생활화는 이루어졌지만 불교 본래의 가르침이 상당히 퇴색되었다고 보기도 한다.

밀교는 또 다른 부분에서 많은 족적을 남겼는데 불교 문화와 예술이었다. 오늘날 접하는 많은 불교 예술과 문화에 밀교의 영향이 강하게 남아 있다.

중국불교

우리나라의 경우 대부분 중국에서 불교가 전래되고 그 자양분을 얻었다. 중국불교는 말한 대로 화엄, 천태, 선종으로 대별된다. 불교적인 내용은 많이 이야기하였으므로 여기서는 중국에 불교가 전래되는 과정을 재미있게 서술해보고자 한다. 다소 옆길로 가는 것이지만 간혹은 옆길이 더 신선한 법이다.

이야기는 한고조 때로 거슬러 올라간다. 한고조 유방은 항우와 천하를 다퉈 이기고 한나라를 세운 뒤 골칫거리인 흉노정벌을 나섰다. 진시황도 흉노를 견제하여 만리장성을 쌓을 정도였으니 중국 최대의 위협이었다. 이 부분은 『초한지』만큼이나 재미있다.

당시 흉노의 지도자 선우는 묵특이었는데 보통사람이 아니었다. 묵특의 아버지 두만 선우는 첩으로 들인 여자의 자식을 왕으로 앉히고자 했고 이 과정에서 본부인 소생인 묵특이 부담스러워 월지국에 볼모로 보냈다. 그리고 월지국을 침공하였다. 이럴 경우 볼모로 잡혀 있는 사람은 죽게 마련이었다. 그런데 묵특은 월지국

공주의 도움으로 탈출하여 아버지에게로 오게 된다. 죽을 줄 알았던 아들이 돌아오자 두만 선우는 어쩔 수 없이 아들에게 기병대를 맡겼다. 돌아와서 자기 아버지가 자신을 죽이기 위해 월지국을 침입한 것을 알게 된 묵특은 아버지에게 사냥을 가자고 하였다. 그리고 사냥을 나가서는 자기 아버지를 사냥해버리고 선우에 올랐다. 그 사냥을 위해 묵특은 병사들이 자신의 명령에 철저히 따르도록 만들었는데, 자신의 화살을 소리 나게 만들고 자신이 활을 쏘면 모두 그곳을 보고 일사불란하게 화살을 날리도록 훈련시켰다. 먼저 묵특이 활을 들고 자신이 가장 아끼는 명마를 향해 쏘았는데 병사들이 쏘지 않았다. 그러자 묵특은 그들을 가차 없이 죽여 버렸다. 그리고 이번에는 자신의 애첩을 향해 화살을 쏘았다. 역시 병사들은 쏘지 않았고 그들도 죽여 버렸다. 그리고 사냥을 나가 아버지 두만 선우의 말이 보이자 소리 나는 화살을 날렸다. 병사들이 일제히 화살을 쏘았고 아버지는 고슴도치가 되어 죽었다. 그렇게 선우의 자리에 오른 묵특은 주변의 나라를 모두 복속시켜 흉노를 통일하고 월지국을 비롯한 실크로드의 국가들을 정벌하여 대제국을 건설하였다.

　월지국은 오늘날 감숙성과 청해성에 있었는데, 한대에 흉노에게 쫓겨 현재의 아프가니스탄 지역 인도 서북부로 옮겨가 대월지국을 세우게 된다. 그 대월지국이 다스리는 5제후 중에서 쿠샨 왕조가 수립되어 대월지국을 계승하게 되는데, 전성기 때에는 중인도 지역까지 진출하며 광대한 영역을 다스리게 된다. 불교를 널리 숭상하였고 간다라예술을 꽃피웠으며 중국으로 불교가 전래되는 데 있어 큰 역할을 담당하였다. 어느 나라, 어느 민족이든 멸망을 당하면 터전을 떠나 이동하여 새 보금자리를 꾸리는데, 월지국은 크게 성공한 케이스였다.

한대漢代 초기에 전성을 누리던 흉노도 나중에 한무제에게 패하여 기련산을 잃고 유랑을 떠나게 되는데, 그때 서쪽으로 이동한 무리의 세력이 커져 로마까지 위협하였다. 역사책에 훈족의 침입이라고 부르는 것이다.

흉노만이 아니라 가장 많이, 가장 넓게 이동한 족속은 돌궐족인 투르크족인데 동방에서 중동으로 진출하여 셀주크 투르크 제국을 세워 예루살렘을 로마로부터 탈환하였다. 그리고 또 오스만 투르크 제국을 세워 비잔틴 제국을 멸망시키고 그리스와 이집트를 비롯하여 광대한 지역을 지배하며 무려 500년간 전성기를 누리다가 제1차 세계대전에 패하여 터키만 남게 되었다.

이와 달리 정주문화定住文化를 가장 고수한 나라는 중국이었다. 황하를 끼고 농경을 하며 정주의 삶을 살아가는 중국과 초원과 사막에서 이동하며 살아가는 유목민의 투쟁은 중국 역사 그 자체라 해도 과언이 아니다. 중국은 북방 유목민의 침입을 막기 위해 만리장성을 쌓았고 수시로 북방을 정벌하여 동서 유목민의 교류를 중간에서 끊어놓곤 하였다. 그래도 안 되면 이이제이以夷制夷의 방법을 사용하여 유목민끼리의 갈등을 이용하였다. 그리고 더 나아가 동화정책을 써서 중국 문화로 흡수해갔다.

중국이 진시황 이후 본격적인 군현제의 국가가 되고 황제를 중심으로 힘이 집중되면서 북방 유목민과의 관계에 큰 변화가 생겼다. 빠른 기동력을 가지고 묵특이라는 불세출의 지도자를 중심으로 힘을 집결한 흉노는 여세를 몰아 중국의 북방 산서성을 침략하였다. 당시 중국에서는 유방이 막 한나라를 세웠는데 흉노가 침입하자 친히 정벌하러 출정하였고 묵특의 계략에 말려 많은 병사를 잃고 고립되었다. 신하의 간언으로 간신히 흉노와 화친조약을 맺어 흉노의 왕을 형님으로 모시고 자신은 아우를 자처하였다. 그리고 왕의 공주를 바치고 그 외에 많은 공물을 바치기로 하고 풀려났다. 이것은 치욕적인 일이었지만 한고조 이후에도 계속되었다. 물론 흉노의 왕들도 한나라 조정이 공주가 아니라 궁녀들 중에서 선발하여 보내는 것을 알고 있었지만 문제 삼지 않았다.

그렇게 세월이 흘러오다 원제에 이르러 흉노의 왕이 한나라를 방문하였다. 이에 원제는 자존심이 상하여 화공에게 궁녀를 그린 화첩을 가져오게 하고 그중에서 못생긴 여자를 데려오라고 하였다. 수많은 후궁이 있어 일일이 황제가 살펴볼 수 없었기에 궁녀들의 얼굴을 그려 그 화첩을 보고 황제가 선택하였다. 원제가 지목한 못생긴 여인이 불려왔는데 알고 보니 절세미인이었다. 바로 중국의 4대 미인 중의 한 명인 왕소군王昭君이었다. 놀란 황제는 선우가 있어 말도 못하고 눈물을 머금고 선우에게 바칠 수밖에 없었다. 선우는 무척 기분 좋아하면서 돌아갔다. 분노한 황제는 화공을 불러 죽였는데 절세미인이 추녀가 된 데는 사연이 있었다.

당시 궁녀들은 화공이 자신을 그릴 때 아름답게 그려달라고 자신이 가진 온갖 패물들을 바쳤다고 한다. 그런데 왕소군은 아무런 패물을 바치지 않는 것이었다. 이에 화가 난 화공이 그녀가 황제 근처에 가지도 못하도록 추녀로 그렸다고 한다. 낭중지추囊中之錐라. 주머니 속의 송곳은 언젠가는 삐져나오기 마련이다. 재주와 미가 낭중지추로 언젠가는 세상에 드러나는 법이다. 비록 드러나는 순간에 사람이 죽고 자신은 머나먼 곳으로 끌려갔지만 말이다.

이 부분에서 옆길로 가서 소설을 한 편 쓴다면 재미가 있을 것 같다. 화공에게 뇌물을 주지 않아서 왕소군을 추녀로 그린 것이 아니라 화공이 왕소군을 사랑하여 황제의 여인이 되지 못하게 하기 위해 그렇게 추녀로 그렸다고 설정하는 것이다. 그러나 운명을 피하기는 어렵다고, 하필 자존심이 상한 황제가 추녀를 지목하는 바람에 절세미인이 꽃처럼 드러나게 되고 화공 자신은 죽임을 당하고 사랑하는 여인은 이역만리로 떠나게 된다는 비련의 소설이면 좋겠다.

왕소군이 말에 실려 떠나가는 장면이 얼마나 중국인들의 가슴을 울렸으면 나중에 당나라의 이태백이 그 광경을 그리며 시를 짓는다.

"소군이 옥안장을 떨치며 말 위에 오르니

붉은 두 뺨에 흐르는 눈물

오늘은 한나라의 궁녀지만

내일은 오랑캐의 첩이런가."

중국에서는 미인을 표현하는 단어가 있다. 침어沈魚, 낙안落雁, 폐월閉月, 수화羞花이다.

『장자』에 나오는 말인데, 침어는 물고기가 자존심이 상해 고개를 돌려 물속으로 가라앉는다는 말이다. 미인이 물가에 앉아 물에 자신의 얼굴을 비추면 물속의 물고기가 침울해한다는 표현은 우수적이면서 낭만적인 면이 있다. 그래서 침어는 4대 미인 중 한 명인 서시를 가리킨다.

낙안은 왕소군을 이르는 말인데 날아가던 기러기가 떨어진다는 말이다. 왕소군은 비파를 잘 연주했는데 그의 비파 소리에 고개를 돌려 왕소군을 본 기러기가 떨어졌다는 것이다. 중국 미인의 그림 중에서 비파와 함께 있는 여인은 왕소군이라고 보면 된다.

달이 숨는다는 폐월은 여포의 여인이었던 초선이며, 수월은 그 유명한 양귀비이다. 왕소군과는 너무나 대비되는 여인이라 다시 옆길로 가서 양귀비에 대해서 말해보자.

왕소군은 그렇게 이역 땅으로 갔지만 그곳에서 절개를 지켜 그 무덤을 청총靑冢이라고 한다. 그럴 리야 없겠지만 중국인들은 그

것을 굳게 믿고 있다. 사막과 초원에 간 왕소군은 그곳 사람들에게 베 짜는 법과 농사짓는 법을 가르쳐주었다고 한다. 중국에서는 청총의 여인이요, 흉노에게는 성모였던 것이다. 그리고 한나라 궁성의 아름다운 봄꽃과 초목을 대하던 왕소군이 척박한 사막과 초원에서 한숨 쉬며 했다는 말인 "봄이 와도 봄 같지가 않구나."라는 춘래불사춘春來不思春도 늘 그녀와 함께 따라다니는 말이다. 지금도 많이 쓰이는 이 말은 원래 왕소군이 한 말이 아니라 왕소군의 심정을 읊은 동방규의 시에서 비롯되었지만 너무나 애절한 왕소군의 일생 때문에 아예 그녀의 탄식이 되어 버렸다. 청총과 성모, 희생과 화해, 그리고 애틋한 이야기로 가득하여 중국인들이 가장 사랑하는 미인이며, 또 중국인들이 명비明妃라고 부르며 흠모하는 여인이다.

이런 왕소군과 달리 양귀비는 경국지색의 위력을 마음껏 발휘한 미인이었다. 당의 쇠망사를 보면 그렇게 찬란하던 당나라가 양귀비라는 한 여인에 의해 얼마나 풍비박산이 나는지 잘 볼 수가 있다. 물론 양귀비만의 잘못은 아니지만 양귀비를 둘러싸고 그런 일들이 거대하게 진행된다. 안녹산과 사사명의 난인 안사의 난으로 인해 왕자들과 대신, 장군과 병사, 선비와 백성이 떼죽음을 당한다. 마치 양귀비가 거대한 블랙홀처럼 느껴질 지경이다. 당시에도 황제의 친위군이 양귀비를 죽이지 않으면 싸우지 않겠다고 할 정도였고, 양귀비를 죽이자 비로소 심기일전하여 싸워 간신히 환

궁한다. 당나라 현종은 상왕이 되어 물러났는데 물러난 상태에서
도 양귀비만 그리워했다고 한다.

그런 것을 모티브로 하여 후대에 백낙천으로 더 알려진 백거이
가 '장한가'라는 동양 최고의 비련시를 적었는데 그곳에 나오는
말이 천장지구天長地久이다. "천장지구유시진天長地久有時盡 차애
면면무절기此愛綿綿無絶期, 하늘과 땅이 장구하여도 다할 때가 있
지만 우리의 사랑은 끝이 없으리."이다. 그래서 동양에서 천장지
구는 영원한 사랑의 대명사가 되었다. 이외에도 눈과 날개 하나씩
만 가진 두 새가 함께 난다는 비익조比翼鳥, 따로 자라났지만 한 가
지가 된다는 연리지連理枝 이야기도 등장한다. 초패왕과 우미인의
'패왕별희' 못지않은 이야기들이다.

두 미인은 각각 단어 하나씩을 남기고 갔는데 왕소군은 춘래불
사춘을, 양귀비는 천장지구를 남겼다. 왕소군에 시심詩心을 갖다
댄 이태백이 당대 함께한 양귀비에 시를 읊지 않았을 리가 없다.
청평조清平調라고 하는데 3수로 되어 있다. 그중 하나를 소개한다.

운상의상화상용　춘풍불함로화농
雲想衣裳花想容　春風拂檻露華濃

약비군옥산두견　회향요대월하봉
若非群玉山頭見　會向瑤臺月下逢

구름 같은 옷자락, 꽃 같은 얼굴
봄바람이 난간에 스치고 이슬방울 더욱 영롱하네.

만약 군옥산群玉山 꼭대기에서 보지 못한다면
요대瑤臺의 달빛 아래에서 만나리.

군옥산은 신선이며 절세미인인 서왕모가 산다는 전설적인 산이
다. 첫 구절이 명문인데 흔한 의역보다 "구름을 보니 그대의 옷자
락이 생각나고 꽃을 보니 그대의 얼굴이 떠오른다."는 직역이 더
낫고, 운상의상화상용이라는 한문원문 그대로가 더 좋다. 아무튼
이 시를 쓰고 이태백은 궁중에서 쫓겨났다.

우리도 옆길에서 나와 다시 본래 옆길로 돌아가면, 이렇게 왕소
군의 이야기를 낳은 흉노와 한나라의 양립에 결정적인 변화를 주
는 황제가 출현한다. 바로 한무제이다. 한무제는 흉노의 치욕을
씻고자 장건을 서역으로 보내 한혈마를 구해오게 한다. 흉노에게
계속 패하고 밀리는 이유가 말이 좋지 않기 때문이라고 보았던 한
무제는 명마 한혈마를 보고 그 말이 많았던 대완국을 정벌하여 한
혈마를 차지하고 마침내 꿈에도 그리던 흉노정벌을 달성한다. 한
나라의 숙원을 한무제가 이룬 것이었다.

그 흉노정벌의 주역이 유명한 곽거병 장군이다. 대과업을 이룬
장군이라고 해서 백전노장일 거라고 여기기 십상이지만 불과 약
관 18세에 출정하여 흉노를 단시간에 토벌하고 24세에 요절하였
다. 그러나 곽거병의 흉노토벌은 중국 역사에서 가장 큰 사건 중
하나이다. 골칫거리인 흉노와 북방민족을 토벌하는 것은 곽거병

이 아니더라도 많은 중국의 장수와 왕들도 해낸 일이지만 곽거병의 흉노토벌은 향후 두고두고 중국의 운명을 바꿔 놓는 일대사건이었다.

돈황 법열불法悅佛

곽거병의 흉노토벌로 한나라가 그 지역에 한서사군漢西四郡을 설치했는데 무위, 주천, 장액, 돈황이 그들이다. 실크로드를 중국이 장악하고 또 인도로 가는 길목을 장악함으로써 많은 경제적인 이익을 가져왔지만, 무엇보다 그 길을 통해 불교가 중국으로 들어오게 되었다. 그리고 이후 중국은 불교국가로 변모되었고 오늘날까지 그 전통이 이어져 오고 있다.

그리고 그 불교는 아시아로 널리 퍼져 나가 아시아의 사상과 문화를 완전히 바꿔 놓았다. 곽거병은 비록 짧은 일생을 살았지만 불교를 중국에 선물하는 기념비적인 삶을 살고 간 것이었다. 언젠가는 불교가 중국으로 전래되었겠지만 곽거병은 마치 그 길을 열기 위한 운명을 타고난 존재처럼 살다가 갔다.

이제 긴 옆길을 둘러 아주 순식간에 다시 본류인 불교 이야기로 돌아왔다. 지금 한서사군 중 하나였던 돈황은 불교문화재의 보고로 전 세계의 주목을 받고 있다. 오늘날 선종의 중요한 서적인 육조 혜능의 일대기를 담은 『육조단경』도 돈황에서 출토되었다.

또 한 가지 중국불교의 남다른 특징은 가家와 가문을 존중하는 것이다. 불가만이 아니라 유가와 도가에서도 모두 사문師門을 존중하는 전통이 있다. 그래서 출가스님들의 구성에 큰 변화가 일어났다. 남방에서는 출가한 순서대로 스님의 지위가 주어졌지만 중국불교의 경우 가를 존중하다 보니 절의 가장 어른을 할아버지인 조실祖室스님이라 하고 스승을 부모로 여겼으며 같은 스승 밑에 출가한 스님을 사형, 사제라고 하였다. 그리고 지금도 사질이나 사매, 조카라는 말을 사용한다. 중국의 영향을 받은 동아시아는 모두 이러한 경향을 띤다. 출가승단인 승가를 가족제도 방식으로 편제한 것이 중국불교의 특징이다.

한국불교

한국불교는 삼국시대 불교, 고려시대 불교, 조선시대 불교로 크게 나뉜다. 삼국시대 불교 중에서 고구려는 소수림왕 때 불교가 처음 전래되었고, 백제는 마라난타가 오늘날 법성포 지역에 처음 불교를 전래하였다. 그리고 신라는 눌지왕 때 불교를 처음 도입하여 이차돈의 순교를 거쳐 법흥왕 때 국가의 종교로 공식화되었다. 불교를 국교로 정하고 가장 먼저 중앙집권제를 성취한 신라가 삼국을 통일하면서 통일신라시대를 열며 불교는 크게 확산되었다. 지금도 영남불교는 한국불교의 주축으로 자리매김하고 있다. 통일신라시대 이후 고려를 건국한 왕건도 도선국사의 지도로 불교를 국교로 정하고 발전시켰다.

고려 때 번창하던 불교는 성리학을 국시로 삼는 조선이 건국되면서 한파를 맞게 된다. 80여 개의 종파가 선교양종禪教兩宗으로 통폐합되었다. 그리고 부모와 가정을 떠나 출가하여 수행하는 것을 본분으로 삼는 불교와 부모에게 효도하고 가문의 번창을 추구하는 유교는 서로 극히 상대적이라 천민으로 강등되어 유학조차 하지 못한 채 연명하는 처지가 되었다. 부처님의 가르침을 문자로 펴는 교종은 사실상 유명무실해지고 교종보다는 형편이 좀 나았지만 선종도 간신히 명맥을 전승하고 있었다. 500년이라는 긴 세월 동안 가장 혹독하게 억불을 가한 나라는 조선이 유일하였다.

한일합병으로 인한 일제강점기에 불교는 조선의 억불에서 벗어나게 되었는데, 자연히 조선조에서 그나마 형편이 나았던 선종이 저력을 가지고 있었다. 일제강점기에 일본에 의해 생활불교가 약진했지만 대처육식帶妻肉食의 불교에 실망한 수행자들이 500년의 저력으로 해방 후에 불교정화운동을 펼치게 되고, 오늘날에는 선종 중심의 조계종이 한국불교의 대명사가 되었다. 한국전쟁을 거치고 다시 전통종교가 약진하기 시작했고 개발시대를 거치며 수많은 불사와 법회가 이루어지며 한국불교는 다시 위상을 회복하여 오늘날에 이르고 있다. 현대에 이르러 급변하는 시대환경에 여전히 고답적인 면모를 일신하지 못하는 것이 과제로 남아 있다.

1. 삼국시대 불교

삼국시대 불교전래를 살펴보면, 고구려는 소수림왕 2년 372년에 전진왕 부견의 명으로 순도順道가 불교를 전했고, 백제는 마라난타라는 승려가 384년 법성포를 통해 불교를 전래하였다. 신라는

영광 법성포 백제불교 최초 도래지 마라난타사

눌지왕 때 승려 아도阿道, 일명 묵호자墨胡子가 고구려로부터 불교를 전래했는데, 거의 100년의 세월이 흐른 뒤 법흥왕 때 이차돈의 순교로 공인되었다. 가장 늦게 불교를 받아들인 신라였지만 가장 불교가 흥하였다.

삼국시대 불교 중에서 고구려 불교는 사찰의 건립보다도 많은 인물들을 배출하였다. 대표적 인물이 승랑인데, 승랑은 중국 삼론종의 태두로 삼론학을 새롭게 체계화한 고구려 스님이다. 낭대사라고도 불린다. 삼론은 『중론』, 『십이문론』, 『백론』을 말하는데 용수와 제바의 저작이다. 그리고 고구려 스님들은 일본에 불교를 전파하는 데도 큰 일익을 담당했는데 법륭사法隆寺, 일본 말로 호류사의 벽화를 그린 담징이 고구려 스님이었다.

백제불교는 신라불교만큼 융성했는데 무엇보다 예술 부분에서 빼어났다. 백제의 미소로 알려진 서산 마애 미륵삼존불을 비롯하여 백제의 불상들은 수수하면서도 우아한 아름다움을 자랑한다.

신라는 신라시대와 통일신라시대를 거치며 불교의 요람이라고 할 정도로 수많은 사찰과 고승들을 배출하였다. 소실된 황룡사와 불국사를 비롯하여 불국정토라고 할 정도로 많은 사찰들이 건립되었고, 원효 스님과 의상 스님 같은 일대 고승들이 활발히 불교를 전파하였다. 특히 원효스님의 경우는 해동종의 종주로 지금도 전 세계의 학자들로부터 남다른 조명을 받고 있고, 의상스님도 화엄종의 시조로 한국 불교교학에 큰 영향을 끼쳤다. 원효, 의상 스님에 의해 한국불교가 화엄불교라는 소리를 들을 정도이니 신라불교의 역량을 가히 짐작할 수 있다. 그리고 백제불상이 서민적이고 여성적인 경향을 띤다면 신라불상은 귀족적이고 남성적인 경향을 띠는데, 그 반듯하고도 엄숙한 모습이 석굴암 불상에 잘 드러나 있다. 세속오계世俗五戒라는 일면을 보아도 신라불교는 삼국통일을 이루는 데 결정적인 역할을 하여 호국불교의 효시가 되었고, 이는 고려시대 몽고침입기의 고려대장경, 조선시대 임진왜란 때 승병활동으로 계승되었다.

2. 고려시대 불교

삼국시대 불교를 거쳐 고려시대에 이르면 불상과 탑과 불교신행에 많은 변화가 일어난다. 고려불상은 백제와 신라의 불상 모습보다 불심을 잘 표현하는 것에 집중하여 불상의 상호가 인체 비례보다 크게 과분수로 조성되었고, 약간 굽힌 편한 자세로 삼매에 든 모습을 강조하였다.

불상만이 아니라 불화와 불교공예품들이 모두 예술의 극치를 보여준다. 탑들도 기존의 방식에서 벗어나 장엄함을 추구하였고, 건축에서도 기둥과 지붕 사이에 화려한 장식을 하게 되는데 흔히 다포양식이라고 한다. 또 배흘림기둥이라고 해서 기둥에 세계적인 기법을 적용하였다. 불교가 한반도에서 농후해진 것을 느낄 수가 있다.

그리고 나라의 주관으로 불교행사들이 대대적으로 전개되었는데 팔관회, 연등회가 그것이다. 통치수단을 넘어 전 국민이 신행하는 단계에 이르렀고 왕자들도 출가하며 불교교학을 크게 발달시켰다.

대각국사 의천의 경우 화엄종의 승려였지만 천태종을 해동에서 확립하는 시조가 된다. 천태종은『법화경』을 중시하는데『법화경』에 관세음보살보문품이 있어 천태종의 수립은 관음신앙의 본격화를 의미한다. 고려불화 중의 백미가 수월관음도인 것을 보면 당시의 관음신앙을 짐작할 수가 있다. 또 신라시대에는 무구정광대다라니가 유행하였다가 고려를 거치면서 오늘날까지 관음보살의 대비주인 신묘장구대다라니가 주로 염송되는데 이것 역시 천태종의 수립이 큰 역할을 하였다.

의천의 행보는 신라의 화엄불교와 고려의 천태법화사상을 융화하였는데, 그러한 화엄천태 융화불교가 조선까지 주류로 전승되었고, 현재까지 한국불교의 모습을 이루고 있다. 그리고 의천은 교학에 의한 선교양종의 융합을 시도하였는데 이것을 교관겸수敎觀兼修라고 한다. 왕자로 출가하여 중국에 유학하고 수없이 중국과 교류하면서 수많은 불교서적을 중국에서 가져왔고 또 주석서들까지 수집하여 불교서고를 만들었다. 이러한 영향은 후일 고려불교의 최대 걸작인 팔만대장경을 낳게 하였다. 그리고 의천은 불교만이 아니라 차의 교류에도 힘써 차문화를 육성하는 데도 크게 일조하였다.

이렇게 고려에 불교가 융성하였지만 융성한 만큼 폐해들도 많이 나타났다. 교종의 득세가 지속되며 폐해가 누적되자 보조국사 지눌은 선종의 기치를 내세우며 백련사 정혜결사를 통해 불교정화운동을 펴게 된다. 무신들이 집권하자 무신들은 선종을 옹호하였고 고려불교는 폐단을 안은 채 난립시대로 접어 들어갔다. 이 와중에 불교의 과도한 소유와 정치개입을 질타하는 일들이 신유학자들을 중심으로 생겨났는데 정도전의 『불씨잡변』이 대표적이다. 고려불교의 몰락이 고려의 멸망과 함께 다가오고 있었다.

3. 조선시대 불교

유학을 국가이념으로 한 조선은 강력한 숭유억불정책을 폈다. 숭유억불정책은 천 년 이상 이어져 오던 사상의 대변화였던 일대사건이었다. 그래서 그 과정을 순탄히 하기 위해 유학자들은 불교의 교리를 유교적으로 재해석할 필요가 있었다.

대표적으로 권근의 심학도설心學圖說인데, 이는 마음을 인의예지 사단四端으로 해석하는 시도였다. 과거 고려시대 때에 보조국사 지눌의 제자 혜심국사가 유불일치설을 주장하며 유교와 불교의 융합을 시도한 것과 비슷하다.

이러한 일련의 과정을 거쳐 불교는 사상적으로 유교에 귀속되었다. 비단 사상만 귀속된 것이 아니라 노비신분으로 격하된 채 중국 유학의 길마저 끊겨 불교는 사상적 자양마저 충전할 수가 없었고 선교양종으로 통폐합되어 간신히 명맥을 이어갔다. 간혹 불교를 보호하는 왕들이 출현하고 불교서적을 출판하는 일들이 있었지만 상황은 열악하였다. 이에 보우스님이 문정황후의 후원으로 승가고시를 실시하여 불교 진작에 힘썼으나 문정황후 사후에 이마저도 단절되었다.

그러나 보우의 승가고시는 후에 불교승려 배출의 문이 되었고,

그 1회 승가고시의 합격자가 바로 유명한 서산대사이다. 서산대사는 선교양종 도총섭을 하면서 임진왜란을 당해 승병활동을 주관하며 다시 불교의 위상을 높이게 된다. 그동안 일맥전승같이 위태로운 불교에 활력을 불어넣어, 법맥도法脈圖를 보면 서산대사이후 불교의 선맥禪脈이 크게 확장되었다. 약화되어 가기만 하던 불교에 새로운 기풍을 진작하였다.

조선시대의 경우 스님들은 노비신분으로 나라의 부역을 책임지고 수행했는데, 얼마나 부역을 많이 시켰으면 사찰이 소유한 토지와 산을 국가가 관리하게 해달라는 상소가 많았다고 한다. 산의 돌을 캐서 벼루를 만들게 시키고, 나무를 베어 종이를 만들게 했으며, 각종 부역을 시켰다. 그리고 사찰의 재정도 빈약하여 제사를 중시하던 당시의 사회풍조에 편승하여 제사로써 연명하였다. 조선시대 후기에 이르면 극락왕생을 발원하는 감로도가 많이 조성되었는데 모두 제사와 연관이 있다.

천 년의 영화에 대해 500년이라는 긴 세월 동안 노비가 되어 갚았다. 물론 당시 부역을 시키기 위해 사찰의 전답과 산을 그대로 유지시켰고 일제강점기를 맞아 토지개혁 때 모두 등재하여 지금은 엄청난 재산을 지니고 있다. 국립공원에 있는 사찰의 경우 사찰에서 사방으로 바라다보이는 산의 대부분이 사찰 소유인 경우가 허다하다. 사실상 국립공원 관광지의 중요 지역을 절이 소유하고 있는 셈이다. 500년의 고초가 다시 엄청난 재산으로 남은 것이다. 지금 방탕하게 지낸다면 다시 후대에 조선시대와 같은 고초가 기다리고 있을 것이다.

조선시대 불교의 특징은 건축이나 그림에서 고려의 화려함보다 담박하고 소박한 아름다움을 보여주는데, 대표적으로 배흘림기둥에서 나무의 본래 모습을 그대로 살린 기둥들로 전각을 지었다. 지금 보면 무척이나 정이 가는 예술적인 건축이지만 당시의 불교 상황이 기둥에 남아 있는 것이기도 하다.

그리고 조선시대 불교는 치자계급治者階級이었던 양반층의 폭정과 유교이념의 폐해에 의해 소외되었던 서민들의 안식처 역할을 하였다. 사회가 어지러워지면 자연히 외침이나 폭정 등등 누적된 폐해로 인해 저항 세력이 생기게 되고 그 힘을 발휘하게 된다. 상류층에 유교의 공기가 강했던 중국의 경우는 도교가 서민의 애환을 달래주었고 혼란기에 민란의 주체가 되는 경우가 많았다. 일본의 경우도 일련스님에 의해 『법화경』을 중심으로 당시의 종교, 정치를 개혁하고자 하였고, 그 과정에서 지나친 독단적 사고로 당시의 정치, 종교와 갈등이 빚어졌다. 나중에 메이지 유신 때 모든 종교를 천왕 아래 복속시키고자 하는 것에 반대하였고 제2차 세계대전도 반대하였다. 다소 맹신적이었지만 일본의 전통적 분위기에 대한 반감이 일련종으로 나타난 것이다.

이러한 전통적 관념에 대한 저항은 강력한 신분제 사회였던 조선시대에도 여러 차례 나타났고, 새 시대를 바라는 불교와 서민들의 유대가 안으로 은밀히 존재하였다. 장길산의 난 등등 조선의 여러 민란과 폭동에 미륵신앙이 많이 가미되어 있는 것을 보면 불교가 눈에 띄게 대대적으로 직접 개입을 하지는 않았다고 하더라도 사회저항세력의 정신적인 지주 역할을 했던 것으로 보인다.

조선의 불교는 국난을 맞아 호국불교의 역할을 하였고, 동시에 사회부조리와 신분제의 억압에 저항하는 저항불교라는 두 가지 면모를 지니고 있었다.

4. 해방 후 불교

조선의 암흑기를 지내고 일제강점기를 맞아 불교국가인 일본에 의해 승려들의 도성 출입이 허용되고 일본 유학의 길이 열리면서 불교는 본격적으로 다시 활동하게 된다. 그러나 일본불교의 경향이 유입되어 사회활동과 포교는 왕성하게 이루어졌지만 대처와 육식을 하며 청정승가의 풍토가 위협을 받게 되었다.

해방이 되고 나서 일본불교의 청산이 큰 문제로 대두되었고 참선하는 수행승들은 불교정화를 외쳤다. 비단 해방 후만 그런 것이 아니라 신라 말 고려 초에도 선풍이 진작되며 구산선문九山禪門이 생겼고, 고려 말 조선 초에도 나옹선사와 태고 보우선사가 선풍진작을 통해 불교를 정화하고자 하였다. 위기 때마다 선종이 득세하는 특징을 보이는 것이 한국불교의 특색 중 하나이다.

해방 후에는 경허스님에 의해 중흥된 선종이 봉암사 결사를 통해 본격적으로 한국불교를 정화하기 시작하여 오늘날 조계종을 탄생시켰다. 선종에서 출발했으므로, 비록 한국의 대부분의 사찰을 보유하고서 신도들을 위한 기도와 가지가지 불사가 행해지지만, 그 근간에는 수행가풍인 선禪이 자리 잡고 있다. 총림과 본사의 경우 선원을 운영하는 것이 원칙이고, 절의 최고 어른인 종정과 총림방장과 조실의 경우 선사를 임명하는 것이 불문율이다. 그리고 중심경전도 참선수행에 걸맞은 『금강경』이며, 조계종의 종지도 불립문자, 직지인심, 견성성불이다.

현재 한국불교는 선종인 조계종을 비롯하여 태고종, 천태종, 관음종, 진각종 등이 활동하고 있다.

정견과 무심

초기불교는 바른 견해를 갖는 것, 정견正見을 무척 강조하였다. 말한 대로 팔정도의 절반 가까이가 바른 견해에 대한 부분일 정도이다. 그러나 수행을 하다 보면 생각을 바르게 하는 것보다 생각의 산란에 휩쓸리기 일쑤이다. 그래서 정견보다 망상을 물리치는 것이 급선무가 되어 아예 마음을 무심으로 하는 것이 강조되었다.

세계와 자신을 모두 잘 관찰하기보다 관찰의 핵심이 되는 마음을 요달하는 것이 중요해져 수행이 점점 마음법으로 변화되었다.

이는 동아시아로 불교가 전래되어 오면서 더욱 그러한 경향을 나타냈다. 아마도 동아시아 사람들이 직관은 뛰어나지만 진취적인 행위보다 생각이 많은 성향이 있어 그렇게 된 것으로 보인다.

불교경전을 보면 첫 구절에 여시아문如是我聞이라는 말이 나온다. 이는 "나는 이와 같이 들었습니다."라는 말이다. 이 말의 기원은 가섭이 중심이 되어 칠엽굴에서 행해진 최초 결집 때 개인 견해를 배제하고 부처님의 확실한 말씀을 기록하기 위해 여러 대중의 의견을 물어 모두 인정하는 것을 적는 과정에서 나왔다. 한마디로 보편성을 확보하는 것을 중시한 대표적인 말이 여시아문이다. 이러한 경향은 초기불교 내내 강조되고 있다.

동아시아에서 가장 설명하지 못하고 가르치지 않는 것이 12연기에 대한 것이다. 12연기는 부처님이 깨달으신 중요한 법이다. 부처님께서도 과거 모든 부처님들이 그 연기법으로 깨달으셨고 앞으로 출현하실 부처님들도 모두 그 연기법으로 성불하신다고 말할 정도이다. 그리고 연기법이 석가모니 부처님이 특별히 주장하는 것이 아니라 보편적인 것임을 여러 곳에서 강조하고 있다.

이렇게 중요한 연기법이지만 사고를 정교히 해야 하는 점이 있어 직관적인 성향의 동아시아 사람들에게는 무척 어렵게 다가오므로 생각을 바르게 하기보다 망상의 정반대인 무심에 곧바로 뛰어드는 것이 더 용이했던 것이다. 그래서 불교가 동아시아에 전래되며 점차 심즉불心卽佛 등등으로 마음법이 강조되면서 이심전심

以心傳心이 핵심으로 자리 잡았다. 불보살의 깨달음의 자리에 대한 전등傳燈이므로 본질적으로는 차이가 없지만 외부적으로는 보편적인 공증과 밀밀한 전승이라는 큰 차이를 지니게 되었다.

불교 공부와 수행을 하면서 여시아문과 이심전심, 정견과 무심이라는 대별을 알고 있으면 불교사를 현실적으로 이해하는 데 도움이 된다.

불교문화와 법구

1. 범패

절에 가면 바라춤과 승무 등을 보게 되는 경우가 있다. 달리 일러 어산이라고도 한다. 가락과 판소리를 더해 진행되는 불교의 가장 장엄한 의례이다. 주로 사후의 길을 예비하기 위한 생전예수재나 수중고혼의 안녕을 비는 수륙재나 나라의 태평성대를 비는 영산재 등에서 행한다.

염불의 모태가 되는 우리나라 범패는 하동 쌍계사의 진감국사에게서 유래하였다. 진감국사는 범패와 차를 전한 인물로 유명하여 지금도 그 자취가 쌍계사 여러 곳에 남아 있다. 먼저 쌍계사가 차의 본향인 점이 그러하고, 범패의 경우도 진감국사가 은어가 노니는 모습을 보고 여덟 음률을 정했다고 해서 팔영루八影樓가 세워져 있다.

어산魚山이라는 말에서 보이듯이 물고기가 유유히 노니는 리듬을 오늘날 스님들이 하는 염불에서 그대로 느낄 수 있다. 현재 쌍계사 골짜기에는 빙어가 많이 살아 빙어축제를 하기도 한다.

2. 차

절에 가면 차를 마시는 일이 있거나 적어도 차를 마시는 공간을 보게 된다. 우리나라의 차는 여러 스님들이 전하였는데, 해남 대흥사 초의선사의 『동다송東茶頌』에서 차문화에 대한 이야기를 접할 수 있어 초의선사가 머무르며 다도를 하였던 대흥사 일지암이 차 순례지로 꼽힌다.

초의선사는 추사 김정희와도 많은 교류를 했는데, 윤선도와 정약용 그리고 추사 김정희에게 소치 허련을 소개함으로써 지금 한국 남종화의 본류를 형성하는 데 지대한 역할을 하기도 하였다. 시詩, 서書, 화畵에 모두 능해 삼절三絶이라고 불린 허련을 키웠던 초의선사는 차와 함께 한국 문예부흥의 산증인이었다. 현재는 전라도와 경상도가 만나는 쌍계사 화개花開 지역에 가장 많은 차밭이 있고 찻집이 있다.

차에 관한 유명한 구절이 "정좌처 다반향초靜坐處 茶半香初 묘용시 수류화개妙用時 水流花開"인데, 해석하면 "조용히 앉아 차를 반을 마셨지만 향기는 처음 그대로이고, 미묘하게 움직이니 물이 흐르고 꽃이 핀다."이다. 체용體用을 말하는 것으로, 고요한 가운데 일관되게 여여한 향기인 여여향如如香으로 체를 표현하고 물이 흐르며 꽃이 피는 조화로 용을 표현한 것이다. 이 글귀 중에서 수류화개를 주로 편액으로 해서 걸어 놓은 다실이 많다.

간혹 선원에서 정진하는 스님들이 새벽에 일어나 잠을 깰 겸 향기로운 차 한 잔을 마시고 정진에 들어가는 경우가 있는데 그렇게 하면 한 시간 정도는 향기가 숨을 따라 오르락내리락한다. 고요한 가운데 향이 흐르는 정좌묘용靜坐妙用인 셈이다. 그리고 다선일여茶禪一如라는 말에서 보이듯이 차를 마시는 일이 자신의 마음을 내려놓고 다향으로 심신을 맑게 하는 것인지라 곧 다도茶道이기도 하다.

차를 마시는 다도에 있어 가장 중요한 것은 예절이다. 어떤 스님이 일본 사람과 차를 마시게 되었는데 너무 조용하고 천천히 찻잔을 내려놓는 것을 보고 저절로 마음이 조용히 가라앉았다고 한다. 격식이 아니라 행위에 깃든 기품과 기운이 진정한 차의 예절이다.

차를 우려내는 데 가장 중요한 것은 찻잎의 상태, 물의 온도, 시간이다. 찻잎의 상태는 세작이라고 해서 곡우 전에 딴, 새의 혀만 한 어린잎을 상품으로 여긴다. 그러나 잎이 아무리 좋아도 물의 온도가 지나치게 뜨거우면 금방 쓰게 변한다. 그리고 물과 차를 함께 두는 시간도 중요한데, 너무 오래두면 향이 떨어지고 변질된다.

커피에도 좋은 추출법이 있는데, 커피 원두를 세밀히 분쇄하면 쓴맛이 강해지고 굵게 분쇄하면 신맛이 강해진다. 그리고 압력을 강하게 하면 지방성분이 많이 나와 풍미가 좋아지고 약하게 하면 풍미가 떨어진다. 커피는 일정 온도가 있다지만 먹어보면 온도가 높을수록 좋다. 차와 커피의 추출 과정을 살펴보면 서로 아주 상대적인 것을 금방 알 수가 있다.

카페인의 성질도 몸에서 매우 다른 반응을 보인다. 둘 다 이뇨작용이 강한 것은 맞지만 커피는 성질이 따뜻하고, 녹차는 성질이 차다. 커피는 기분을 승양시키지만 녹차는 기운을 가라앉힌다.

그래서 그런지 미국과 일본이 싸운 제2차 세계대전을 커피와 녹차의 전쟁이라고 말하는 이들이 있다. 녹차를 먹고 기운이 가라앉은 일본이 커피를 먹고 기운이 충천한 미국에게 졌다는 식이다. 재미로 하는 이야기지만 커피와 녹차의 대비를 알려주는 좋은 비유이다. 요즘은 많은 사람들이 가공음료를 선호하는데, 녹차만이 아니라 식혜나 수정과 같은 몸에 유익한 조상들의 음식이 많다.

다구

모두 인생에 쫓기다 보니 천천히 이루어지는 유익에서 멀어지게
된 것이다.

절에서 차를 한잔 마시며 다시 천천함을 회복하는 것도 좋은 일
이다.

3. 복식

스님들의 복식을 승복이라고 한다. 승복에는 제일 겉에 입는 가사
가 있고, 그 아래 신선복같이 소매가 긴 장삼이 있다. 그리고 평상
복을 그 속에 입는다. 평시에는 회색으로 된 승복만을 입는다. 가
사는 처음에 부처님이 길에서 주워 온 천을 꿰매어 입은 데서 유
래하였다. 그래서 지금도 조각을 붙여서 만든다.

가사는 편단우견偏袒右肩이라고 해서 오른쪽 어깨부분이 드러
나게 입는데, 말한 대로 주로 붉은색 계열이다. 붉은색과 황금색
과 흰색은 인류가 가장 사랑한 색이다. 로마도 이 세 가지 색을 좋
아했는데 남자는 붉은색, 여자는 흰색, 사제들은 황금색을 입는다.
로마 병사나 군장들이 붉은색을 입은 모습은 영화에서 자주 목격
할 수 있다. 그리고 오늘날 결혼식에 입는 드레스가 흰색인데, 이
유는 로마가 순결의 상징으로 흰색을 사용했고 서구유럽을 로마
가 천 년이나 다스리다 보니 오늘날까지 그 전통이 이어진 것이
다. 황금색은 태양이나 신을 상징하는 색이었기에 가톨릭의 중요

의례를 보면 사제들이 황금색 옷을 입고 나온다.

승가에서 스님들이 주로 평상시에 입는 옷을 치의緇衣라고 하는데, 치의라는 말은 검은색 옷이라는 말이다. 원래 검은색은 하늘은 검고 땅은 누렇다는 천지현황天地玄黃이라는 천자문의 첫 구절에서 보이듯이 하늘을 뜻한다. 그래서 과거에는 황제가 입었다고 한다. 불교가 전래되어 스님들도 입게 되었는데, 비슷한 사례가 건물 기둥이다. 우리나라에서 전각 기둥을 둥글게 할 수 있는 곳은 궁중과 사찰이었다고 한다. 조선 사대부의 집을 보면 주로 사각 기둥으로 되어 있다. 검은색 치의도 이렇게 하늘같이 존귀한 자라는 의미가 담겨 있다. 스님이 되어 처음 배우는 책이 『치문緇文』인데 역시 검은색 책이라는 말이다. 그런데 이상하게 요즘 스님들을 보면 검은색이 아니라 회색 옷을 입고 있다. 예전에는 검은색을 내기 어려워 주로 검은색인 먹물을 사용하여 염색을 하였다. 그 먹물을 들여 빨면 탈색이 일어나 회색이 되어 자연스럽게 회색 승복이 정착된 것이다. 이러한 회색 옷 위에 부처님의 색인 자금색의 옷을 덧붙여 입는 것이 승가의 복식이다.

4. 목탁

목탁은 스님들이 불교의식을 집전할 때 두드리는 둥근 나무로 된 불구佛具인데 물고

기 형상을 닮았다.

목탁에는 유래가 있는데, 어떤 스님이 제대로 공부를 하지 않고 죽어 물고기로 태어났는데 업이 무거워 물고기 등에 나무가 자랐다. 한 스님이 공부를 하기 위해 배를 타고 외국으로 가던 중에 마침 등에 나무가 난 물고기를 보게 되었다. 그래서 그 스님이 그 물고기가 된 스님의 업을 벗겨주기 위해 재를 올리고 나무를 제거하여 그 나무로 물고기 모양의 목탁을 만들어 여러 대중들에게 보여주었다고 한다.

물고기 모양의 목탁은 부지런히 기도하고 공부하여 업을 소멸시키라는 경책의 의미가 담겨 있다.

5. 요령

요령은 작은 종 모양에 손잡이가 곧게 달린 법구인데 청아한 소리를 낸다. 의식을 집전할 때 의식을 주도하는 법주法主가 드는 불구이다. 목탁을 들고 하는 스님을 절에서는 바라지라고 한다.

요령은 청아한 소리를 내므로 욕심을 멀리하고 마음을 맑게 하는 효능이 있다. 그리고 제사를 지낼 때는 영가를 부를 때 흔들기도 한다.

요령

6. 염주

염주는 스님과 불자들이 손에 들거나
착용하고 기도나 독경을 할 때 사용한
다. 손목에 착용하는 단순한 염주를 단
주라고 부르고, 백팔번뇌를 소멸시키기 위

단주

해 108개의 염주알을 엮어 만든 염주를 백팔염주라고 한다. 주로
108배나 3,000배 같은 절을 하거나 진언다라니나 불보살의 명호
를 거듭해서 외울 때 숫자를 헤아리기 위해 사용한다.

　염주는 근본적으로 마음을 진정시키고 불심을 증장하기 위한
도구이다. 화를 내지 말라는 계율을 수지하면 화를 내지 않기 위
해 노력한다. 그러나 이렇게 계율로 마음을 다스리는 것보다 화가
날 때 조용히 염주를 돌리면 마음이 잘 가라앉는다. 희로애락이
굽이칠 때 염주를 돌리는 일이 생활 속에서 마음을 진정시키고 불
심을 증장시키는 효과적인 방법이므로 많은 스님과 불자들이 염
주를 애용한다.

백팔염주

7. 발우

발우鉢盂는 스님들이 공양할 때 사용하는 그릇
을 말한다. 산스크리트어인 범어 발다라를 음역音譯한 말이다.

　발우의 기원을 보면, 부처님이 성도하고 나서 불교를 알리지 않
고 그대로 열반에 드시려고 하였는데 사천왕이 금발우를 바치며
법을 설해줄 것을 청하였다. 부처님이 사문은 금발우를 받을 수
없다고 하자 이번에는 돌발우를 가져와 바쳤다. 그러자 부처님이
그 발우를 받았다. 마치 금도끼 은도끼 이야기를 연상시킨다. 물
론 금도끼 은도끼 이야기는 그리스 신화의 이야기가 본래 기원이
지만 과도한 욕심을 경계하는 본의는 같다. 이처럼 발우는 출발부
터 욕심을 경계하며 수행과 설법전도를 위해 탄생하였다. 그래서
응량기應量器라고도 한다. 매우 중요한 불교 물건 중의 하나로 여
겨졌는데, 본래 스님이란 말이 빌어먹는 걸사乞士라는 의미인 것
을 보면 그 비중을 충분히 이해할 수 있다.

발우

발우를 들고 빌어먹는 행위를 탁발이라고 한다. 마구잡이 탁발이 문제가 많아 현재 조계종에서는 금지하고 있지만, 수행자와 신도를 잇는 반원의 그릇이 발우요, 그 발우를 들고 가는 탁발이므로 많은 나라에서 여전히 지켜지고 있다.

탁발에 대한 재미난 일화가 하나 있는데, 조계종 신도 상가에 어느 스님이 탁발을 왔다. 목탁을 두드리며 공양의 복을 지으라고 하니 문을 빼꼼히 연 신도가 말했다. "탁발 다니는 스님들은 가짜라던데요?" 그러자 문 앞의 스님은 능청스럽게 "진짜든 가짜든 주면 좋지요." 신도는 그 말을 듣고 웃으며 듬뿍 주었다고 한다.

8. 죽비

죽비는 대나무나 대나무 뿌리로 만든 일자(一)로 된 법구로, 손에 들고 반대편 손바닥에 때리면 탁 하고 짧은 소리가 난다. 주로 선원에서 참선에 들어갈 때, 참선을 마칠 때, 그리고 참선 중간의 보행인 포행을 할 때 입승스님이 치는 것이다.

묵언黙言의 공간에서 죽비소리 하나로 전체 대중이 일사불란하게 움직이며 자기 수행을 한다. 선원에서 유일한 소리는 죽비소리

죽비

뿐이다. 그래서 죽비소리는 마치 깨달음을 향해 뚜벅뚜벅 나아가는 단순한 수행자의 발걸음소리 같다.

죽비를 든 입승스님은 선원수행의 집행자인데, 입승立繩이란 단어는 먹줄을 세운다는 말이다. 목수가 나무를 다루는 것을 치목治木이라고 하는데, 나무를 깎으려고 하면 먼저 먹줄을 튕긴다. 그리고 그 튕겨진 먹줄에 따라 나무를 다듬어 간다. 이처럼 선원수행의 질서를 세우는 스님이므로 입승스님이라고 하는 것이다. 좀 심한 말로 불살생이 미덕인 불교집안일지라도 입승스님이 소를 잡아먹자고 하면 소도 잡아먹어야 한다는 우스갯소리가 있다. 수많은 대중이 그때그때 안거철마다 무작위로 모여 수행하므로 질서가 그만큼 중요한 것이다. 그렇다고 세상 정치처럼 독재적으로 하지는 않는다. 우선 입승을 뽑을 때 대중의 추천과 동의를 받아 아주 민주적으로 이루어진다. 그리고 운영도 승가평등의 원칙 아래 서로를 존중하며 이루어진다. 물론 다른 안거가 시작되면 그때 모인 대중들이 또 새 입승을 뽑는다.

수행기간인 여름 백일 하안거와 겨울 백일 동안거에 정진할 스님들이 모이는데, 선원에서는 기존에 있던 스님과 새로 온 스님들이 함께 정진한다. 절에 상주하는 대중을 청산대중이라고 하고, 왔다 가는 대중을 백운대중이라고 한다. 산은 한 곳에 가만히 있고 구름은 왔다 가기 때문이다. 그래서 선방에 가면 청산靑山 백운白雲이라 쓰여 있는 글귀가 서로 마주보고 양 벽에 붙어 있다.

목수가 원목을 잘 깎아 훌륭한 재목으로 만드는 것처럼 그 청산 백운을 잘 다스리는 자가 입승이다. 비록 3개월이라는 짧은 기간이지만 침묵 속에서 죽비소리로 대중을 깨달음으로 진군시키는 역할을 맡고 있고, 또 한철 동안 대중을 잘 다스려 좋은 불목佛木이 되게 하는 임무를 맡고 있는 셈이다. 불보살이 중생제도를 위해 신물神物을 들고 있듯이 선실에서는 깨달음을 위해 입승이 죽비를 들고 있다.

9. 사리

사리는 부처님이나 스님 또는 불교 수행과 기도를 한 사람을 다비했을 때 나오는 영롱한 구슬 같은 것이다. 물론 화장을 하고 난 다음에 나온 일체를 사리라고 칭하기도 한다. 사리 중에서 특히 머리에서 나온 사리를 정골사리라고 하여 더욱 가치 있게 여긴다.

사리는 수행의 증표와 같이 인식되어 오래전부터 사리신앙이 폭넓게 유포되었다. 그래서 탑이나 여러 사찰에서 사리들이 출토되곤 한다. 지금은 문화재로서 높은 가치를 지닌다. 그러나 진정한 사리는 살아서 행한 일생의 삶 그 자체이다.

사리 모습

사리함

수행

수행은 행위의 중심이다. 수행이 행위의 중심이라면 행위의 주위와 가변은 무엇인가? 중심과 가변을 알고자 하면 수행이 무엇인지 알아야 한다.

수행은 행위를 닦는다는 말이다. 무슨 행위를 닦는가? 과거의 행위를 닦는 것이다. 우리의 과거 행위가 무엇인가? 흔히 탐진치貪瞋痴라고 말할 것이다. 이러한 대답은 틀린 것은 아니지만 수행의 입장에서는 자신의 과거 행위에 대해 명확히 모르는 대답이다.

수행은 몸과 마음을 탐구하는 것이다. 우리의 그동안의 행위는 아침이면 깨어나고 저녁이면 잠드는 것이다. 조명석침朝明夕寢하는 동안 선행을 했다면 그는 탐·진·치의 행을 하지 않아 업을 짓지 않았다고 보통은 말할 것이다. 그러나 수행의 입장에서 보면 그는 여전히 업의 수레바퀴 속에 있는 존재일 뿐이다. 왜냐하면 자연의 거대한 흐름을 따라 자신의 심신이 부침하기를 거듭하기 때문이다.

자신의 주변을 보라. 아침이면 거대한 밝음이 허공을 가득 채우며 낮 동안 밝은 강으로 도도하게 흘러간다. 그리고 저녁이면 칠흑의 어둠이 암류暗流가 되어 휩쓸고 지나간다. 그러한 밝음의 강과 어둠의 강이 하루 사이에도 거부할 수 없이 지나가고 우리의 정신은 그 명암을 따라 피고지기를 거듭한다. 물의 소용돌이에 배가 따라 돌듯, 낙엽이 바람을 따라 가듯 천지를 따라 윤회하는 것이다. 이것이 우리의 행위이다.

수행은 이렇게 낮에 방황하고 밤에 실신하는 심신을 고요하면서도 잠들지 않고 깨어 있으면서도 산란하지 않는 성성적적惺惺寂寂한 관조觀照의 상태로 만드는 것이다. 낮과 밤을 따라 빙빙 돌며 윤회하는 주변살이에서 성성적적의 중심살이를 하는 것이다. 이런 까닭에 수행이 과거의 행위를 닦는다고 말하는 것이다. 탐·진·치의 행을 닦는 것만이 아니라 윤회의 주변살이를 청산하는 것이다.

그러다 보니 아무리 선한 사람이거나 또 선행이 몸에 배인 사람일지라도 좌선을 힘들어 한다. 누구나 윤회하고 누구나 낮밤을 따라 피고지기 때문에 윤회를 그치고 관조에 머물고자 하면 기존의 습관이 수시로 준동하여 선인, 악인을 가리지 않는 것이다.

그러므로 행자는 방황과 실신을 거듭하며 주변을 따라 떠도는 자신의 정신을 보고 결연한 마음으로 스스로 주인이 되어 성성적적한 중심을 향해 부지런히 나아가야 한다. 그렇게 할 때 업을 씻고 진리를 탐구해 가는 것을 수행修行이라고 한 것이 참으로 적절한 표현임을 안다.

깨달음과 믿음

인류는 대상행위와 자각이라는 두 가지 큰 흐름을 타며 발전해왔는데 불교에서도 예외가 아니었다. 불교를 예로 드는 이유는 불교에서 이 두 가지 흐름이 모두 잘 보이기 때문이다. 인류는 그동안 힘의 논리에 따라 대상행위를 주로 하였다. 이는 아직 충분히 모든 사람이 교육되지 않았고, 설사 교육된 소수도 아직 자각의 길을 걷기에는 그 지성이 미약했기 때문이다.

그러나 붓다를 위시한 많은 불교 수행자들이 그래도 자신에 의지하며 깨달음을 추구하였기에 불교 안에서는 꾸준히 자각의 길이 면면히 흘러왔다. 그러한 불교가 서력기원을 전후로 대승불교 운동이 일어나면서 스스로 수행을 통해 법을 깨달을 수 없는 중생에 대한 교화에 눈을 돌리게 된다.

가장 대표적인 예가 일본불교인데, 일본불교는 자각의 길을 가기 어려운 사람들을 어떻게 하면 구제할 수 있을까 고민하였고, 그렇게 구제하기 어려운 중생을 구제하기 위한 결정적인 전기를 마련하게 되는데 바로 신란親鸞이라는 스님에 의해서였다. 일본 최대의 종파인 정토진종淨土眞宗을 연 그는 깨달음에서 믿음으로 전환하는 일이 중생을 구제하는 핵심임을 잘 알고 있었다.

정토종은 나무아미타불을 염송하며 서방 극락세계에 태어나기를 발원하는 종파이다. 다시금 대상행위로 불교가 전환한 것이었는데 그 포인터포인트가 바로 믿음이었다.

모든 것을 자의적으로 해석하며 신의 시험이라 여기고 신에 대한 믿음을 강화해 가면 때가 되어 절대 믿음이 자리 잡고 어떤 시험이 와도 신과 신의 나라에 대한 의심이 사라진다. 하나님께 모든 것을 온전히 맡기는 것이며 자신이 하나님의 도구가 되어 하나님의 사명을 수행할 뿐이다.

한 개체가 절대적인 백그라운드, 배경을 얻는 일로 개인에게는 엄청난 에너지를 부여한다. 심지어 이 세상의 영화나 온갖 고초를 마다하지 않고 자신의 생사마저 도외시하게 된다. "너희는 무엇을 먹을까 무엇을 입을까 염려하지 마라. 들판의 백합꽃을 생각해보라. 하나님께서 먹이고 입히시지 아니하느냐." 성경의 이 말은 그러한 절대 믿음의 소리이다. 그래서 순교도 마다하지 않는다.

절대적인 배경을 얻은 유한한 존재는 마치 바다를 얻은 파도와 같이 늠름해진다. 대상행위의 극성의 경지이며 믿음의 불가사의이다. 시험 속에서 길러진 믿음은 그동안 인류의 주된 의지처였다. 신란에 의해 일본은 깨달음으로 닦기 어려운 일반 국민들까지 믿음에 의한 불교 신행이 광범위하고도 뿌리 깊게 내려 오늘날까지 견고한 불교국가로 존재하고 있다.

우리나라의 경우도 원효스님에 의해 나무아미타불 염불을 통한 민중불교가 주창되었지만 일본보다는 도도하게 진행되지 못했다. 지금 믿음을 극히 강조하는 기독교가 크게 융성하는 것을 보면 믿음에 대한 확고한 이해가 일반 민중들의 신행 정도를 가늠하는 척도임이 여실히 증명되고 있다. 믿음이 곧 가슴이다.

이러한 믿음에 의한 가슴의 승화와는 또 다른 길이 깨달음의 길이다. 이는 대상에 절대적으로 의지하기보다 대상을 끊고 오로지 자신에 의지하여 자각을 이루어 스스로 주인이 되는 길이다. 부처님의 유언인 자귀의自歸依 자등명自燈明의 길이요, 마음이 곧 부처라고 하는 심즉불心卽佛의 길이며, 적수공권의 맨손에 짧은 단도를 쥐고 부처를 죽이고 조사를 죽이며 스스로 우뚝 서 주인이 되는 길이다. 이러한 자각의 길에 가장 중요한 것은 추호도 바깥으로 좇지 않는 것이다. 절대적 존재를 백그라운드로 하는 믿음의 길과는 너무나도 대조적이다.

사람들은 종교를 비롯하여 많은 사상들을 탐구하지만 그 핵심이 깨달음과 믿음임을 명확하게 알지 못하는 경우가 많다. 깨달음과 믿음은 인류 정신사의 양대 산맥이다. 다르게 말하면 자력과 타력의 길이며, 머리와 가슴의 길이며, 지성과 감성의 길이다.

두 길 모두 폐단이 있고 장점이 있다. 스스로 주인이 되는 길은 자기에게 의지하며 스스로를 밝혀서 더 이상 미혹되지 않는 경지를 얻지만, 잘못하면 자기에게 매몰되어 오히려 자기욕망의 노예가 되기도 한다. 홀로 있을 때를 더 조심하라는 역대 성현들의 경종이 그러함을 경계한 말이다. 아직 홀로 닦기 어려운 근기를 지닌 사람들은 차라리 대중에게 나아가 함께 닦는 것이 더 효과적이다. 반대로 너무 외부에 의지하고 관계에만 매달리면 외부의 사상과 일에 자신의 주체적인 정신이 미혹되어 옳고 그름을 잃어버리고 무리에만 휩쓸려 생존과 번영의 노예로 전락되어 버린다.

사람은 누구나 일생동안 외부와 내부를 대하고 살게 된다. 그러므로 자각의 길을 가든지 믿음의 길을 가든지 둘 중 하나는 걸어가야 한다. 그냥 걸어가는 것이 아니라 깊이 걸어가야 한다. 이상적인 것은 생명과 존재와 궁극에 대한 믿음을 가지고 자각의 길을 가는 것이다.

그동안 인류는 주로 믿음의 길에 의지하여 왔으나 자기와 자기편의 생존과 번영에만 치중하는 양상을 보였다. 앞으로 펼쳐질 자각의 길에도 많은 잘못들이 난무할 것이다. 믿음이 외적 대상에 대한 욕망으로 잘못 흘러간 것처럼 자각이 내적 자기 욕구로 잘못 흘러가는 일들이 많을 것이다. 그러므로 외부와 내부를 대하며 올바른 자력과 타력을 얻는 것이 중요하다. 올바른 자력과 타력을 얻는 길의 핵심은 다른 것이 아니다. 바로 깨달음과 믿음에 정초한 자력과 타력의 이해이다.

1. 염불念佛

불교의 수행방법은 크게 두 가지로 나뉜다. 염불과 참선이다. 달리 말하면 소리와 침묵이다. 염불은 소리로서 마음을 다스리고 삼매를 얻어 부처님을 친견하는 것이요, 참선은 침묵 가운데 관조를 통해 바른 지견을 얻어 깨달음을 얻고 해탈하는 것이다. 염불이란 말 그대로 부처님을 생각하는 일체를 말한다.

부처님을 관상觀想하는 것을 관상염불이라고 한다. 일반적으로 염불이라고 하면 소리를 내면서 불보살과 부처님의 세계를 생각하는 것을 말한다. 그래서 염불을 할 때는 자신이 하는 소리를 자신이 오롯이 다시 새겨들어야 한다. 공부하는 것으로 설명하면 읽고, 동시에 쓰는 것이다.

염불을 하는 마음 자세는 믿음이 근간을 이룬다. 믿음이란 사모와 소원이다. 기독교로 말하면 소망과 사랑이고, 불교식으로 말하면 일심一心과 원력願力이다. 티베트의 관음보살 기도를 보면 염불자의 마음자세를 잘 나타내주는 구절이 있다. 간략히 정리하면 "보름달 같은 원만한 상호, 보배영락을 온몸에 두르신 채 흰 연꽃을 들고 천천히 걸으시니 발에 찬 족환足環의 소리 영롱하여라." 이다. 족환은 영롱한 소리를 내는 장식으로 발목에 차는 장신구이다. 관음보살의 그윽한 자태가 연상되고 또 기도자가 관음보살을 사모하는 마음이 짙게 느껴진다. 이러한 사모의 마음을 안고 바른 소망을 발하며 하는 것이 염불이다.

염불의 방법은 크게 두 가지로 나뉘는데, 간단히 불보살의 명호를 부르는 칭명성호稱名聖號와 진언이나 다라니를 염하는 진언독송과 다라니송주가 있다. 진언독송과 다라니송주를 간단히 말하면 주문을 읽는 것이다. 칭명성호는 아미타불이나 관세음보살 같은 불보살의 명호를 반복하여 연속으로 부르는 것을 말한다. 절에서는 정근精勤이라고 한다. 이 방법은 비단 불교에 국한된 것만은 아니다. 거의 모든 종교가 주류로 택하고 있는 방법인데, 기독교인이 "지저스 크라이스트" 우리말로 "주여"를 생활 속에서 읊조리거나 외치는 것이 대표적이다.

염불의 목적이 마음을 다스리고 희로애락을 진정시키며 절대자에게 다가가고 소원을 성취하기 위한 것이므로 희로애락이 넘치는 일상에서 늘 마음을 다스리기 위해, 희로애락을 넘어 절대자에게 나아가기 위해 일관되게 행하여야 한다. 염불의 간절함을 보여주는 글을 소개한다.

원아진생무별념 아미타불독상수
願 我 盡 生 無 別 念　阿 彌 陀 佛 獨 相 隨

심심상계옥호광 염염불리금색상
心 心 常 係 玉 毫 光　念 念 不 離 金 色 相

"제가 이 몸이 다하도록 다른 생각이 없이 오직 아미타 부처님을 항상 따르겠습니다. 마음 마음은 원만상호의 옥호광명과 늘

연결되어 있고 생각 생각은 빛으로 장엄한 아미타 부처님의 금
색신을 떠나지 않겠습니다."

불교의 진언과 다라니는 산스크리트라는 고대문자로 되어 있
다. 그것을 음으로 옮겨 읽는다. 의미를 새기지 않고 또 뜻을 알
려주지도 않는다. 이유는 뜻이 필요 없기 때문이다. 뜻이 필요하
지 않은 이유는 음이 가진 파동만이 필요하기 때문이다. 이 부분
이 일반인들에게 다소 의아할지 모른다. 절에서도 종종 진언과 다
라니의 뜻이 무엇인지 물어보는 불자들이 있지만 해석해주지 않
는다.

진언과 다라니를 보면 소리로서 다스리는 염불수행의 진의가
더 확연히 살아난다. 원시사회를 보면 그림과 음악이 발달하는데,
그림보다 음악이 더 널리 애용되었다. 사냥을 하고 나서 축제가
벌어졌는데 그 축제에 필요한 것이 음악과 춤이다. 음악은 소리의
리듬이요, 춤은 몸의 리듬이니 둘 다 모두 리듬이다. 언어가 있기
이전부터 리듬이 있었다. 고대인들은 이 리듬으로 피로를 풀고 활
력을 충전하였다. 시간이 흘러 그 리듬은 언어와 문자가 되었다.

산스크리트가 만들어진 설화를 보면, 수행자가 호흡이라는 리
듬을 몸에 불어넣어 50가지 기관들이 진동하는 것을 본떠 소리
를 만들고 문자를 만들었다고 한다. 세종대왕의 한글창제에도 이
러한 이야기가 나온다. 언어는 인간의 소리로 변환된 자연 파동이

며 몸의 파동인 셈이다. 그래서 산스크리트 원어로 진언이나 다라니를 송주하면 몸의 50가지 기관이 반응하고 각성된다고 한다. 송주의 기본인 마음의 다스림과 진정은 말할 필요도 없다. 대표적인 산스크리트 주문이 '옴'이다. 옴은 모든 진언과 다라니에 거의 대부분 등장하는 주문왕呪文王이다.

  송주誦呪의 목적은 소리로써, 파동으로써, 리듬으로써 심신을 다스리고 신불神佛과 합일하는 것이다. 자신을 다스리고 신불과 맺어지는 천약天約이 염불이다. 아직 진언과 다라니가 무엇인지 감이 잡히지 않는 사람들이 있을 것이다. 그래서 이해를 돕기 위하여 널리 읽히는 진언 하나와 유명한 다라니 두 개를 적어보도록 하겠다.

*정구업진언: 수리수리 마하수리 수수리 사바하

  입의 업을 정화하는 진언으로 모든 다라니를 읽기 전에, 경전을 독송하기 전에 읽는 진언이다. 개그 소재로도 쓰여 일반인들도 일부분은 알고 있는 경우가 많다. 그리고 다음에 나오는 신묘장구대다라니는 일명 대비주大悲呪라고 하는데, 현재 대부분의 불자들이 염불수행을 할 때 널리 읽는 다라니로『천수경』에 기록되어 있다. 또 교과서에도 나오는 무구정광대다라니는 금속활자본인『직지심경』보다도 600년 정도를 앞선 세계 최초의 목판인쇄물로 불국사 석가탑에서 출토된 것이다. 현재 국보 제126호이다. 누구나 들어보았겠지만 그 내용을 모르는 이들이 많아 적어본다.

무구정광대다라니는 마음의 어둠을 제거하기 위해 마음속에 소리로써 빛의 탑을 세우는 것이다. 컴퓨터 언어로 화면과 동영상을 구현하듯이 염불 수행에서는 소리로써 세계와 사물을 구현한다. 개단진언開壇眞言을 하면 불단佛壇이 열리고, 건단진언健壇眞言을 하면 단이 세워진다. 관음보살을 염하면 관음보살이 현전한다. 소리로써 정신적으로 현상을 짓는 것이다.

현상화되는 과정을 보면, 생각이 가장 먼저 일어나는 현상이며, 소리가 두 번째로 일어나는 현상이다. 그리고 형상은 세 번째로 일어나는 현상이다. 이 중에서 생각은 추상적이라 나타나도 본인만 알지 상대는 모르므로 외적 현상이라기보다는 내적 현상이다. 그래서 외적 현상의 처음이 바로 소리가 된다. 소리가 구체적인 첫 현상화라는 말이다. 염불 수행을 할 때 이 부분을 명심해야 한다.

그리고 무슨 진언이나 무슨 다라니를 하는지가 중요한 것이 아니라 파동과 소리에 감응하며 일심一心이 되는 것이 다라니 수행에서 가장 중요하다. 알기 쉽게 이야기하면 아기를 재울 때 엄마가 노래를 부르며 손으로 아기를 따독거리면 아기들이 잠든다. 무슨 노래인지가 중요한 것이 아니라 아무 노래라도 아기에게는 모두 자장가이다. 이처럼 어떤 진언이나 다라니도 모두 희로애락이라는 감정의 아기를 잠재우는 마음의 자장가이다.

산스크리트 음을 한글로 옮긴 신묘장구대다라니와 무구정광대다라니를 기술한다.

*신묘장구대다라니

나모라 다나다라 야야 나막알약 바로기제 새바라야 모지사다바야 마하사다바야 마하가로 니가야 옴살바 바예수 다라나 가라야 다사명 나막 가리다바 이맘 알야 바로기제 새바라 다바 니라간타 나막 하리나야 마발다 이사미 살발타 사다남 수반 아예옘 살바보다남 바바말아 미수다감 다냐타 옴 아로계 아로가 마지로가 지가란제 혜혜 하례 마하모지 사다바 사마라 사마라 하리나야 구로 구로 갈마 사다야 사다야 도로도로 미연제 마하미연제 다라다라 다린 나례 새바라 자라 자라 마라 미마라 아마라몰제 예혜혜 로계 새바라 라아미사미 나사야 나베 사미사미 나사야 모하자라 미사미 나사야 호로 호로 마라호로 하례 바나마 나바 사라사라 시리시리 소로소로 못쟈못쟈 모다야 모다야 매다리야 니라간타 가마사 날사남 바라 하라나야 마낙 사바하 싣다야 사바하 마하 싣다야 사바하 싣다 유예 새바라야 사바하 니라간타야 사바하 바라하 목카 싱하목카야 사바하 바나마 하따야 사바하 자가라 욕다야 사바하 상카 섭나네 모다나

야 사바하 마하라 구타 다라야 사바하 바마사간타 니사 시체다
가릿나 이나야 사바하 먀가라잘마 이바 사나야 사바하 "나모
라 다나다라 야야 나막알야바로기제 새바라야 사바하"(세 번)

*무구정광대다라니

나마ㅎ 사바따나안 삼약삼붇다/꼬디나안// 빠리/슌데- 마나
시 아브야-짜뜨/아빠띠/슈타나안// 나모 바-가바떼 아미이따
아유르/샤스야 따타아가따아스야// 옴 사르바/따타아가따아/
슌데-아유르/비쇼-다니// 삼하라삼하라 사르바/따타아가따
비르야/빨레나// 빠라떼/상하라 아유/사아라 사아라 사르바/
따타아가따/사마야// 보디보디 붇다야 붇다야// 보드야야 보
드야야 나마 사르바/빠아빰 아바라/바라나/비슌데-// 비가따
말라 차라비야 수붇다 붇데-// 후루 후루 스바아하아//

옴 사르바/따타아가따 비불라야슈티 마니 까나까 라아자아따
비부싸따야슈띠// 두-루 두-루 사만따 아발로끼떼 사라 사라
마마 사르바/빠아빰 비쇼다니// 뽀다니 사마/뽀다니 쁘라바라
야슈띠 바리마니/두슈따// 후루 찌라말라/비슌데- 후움 후움
스바아하아//

옴 사르바/따타아가따 말라/비쇼다니// 스깐다빌리 빠룬다/
발레 쁘라띠/상까라// 따타아가따/다-두다레 다레 다레 산다
라 산다라// 사르바/따타아가따 아디슈타나 아디슈티떼 스바
아하아//

나모 바-가바떼 나바 나바띠나암 삼약삼붇다// 꼬띠/나요따/
샤따/사하스라나암 나마ㅎ 사르바/니바라나/비스깜빈이 보
디/사뜨바-야// 옴 두루 두루 마마 사르바 아바라나 비쇼다
니// 사르바/따타아가따 아유르/빨라아니// 비불라/니르마알
라 사르바/싣디 나마스 끄리뜨바-// 비라바라 사르바/사뜨바
아발로끼니// 옴 사르바/니바라나 비스깜빈이// 마마 사르바/
빠아빰 비쇼다니// 꾸루 스바아하아//

나마ㅎ 나빠나 바디난 따타아가따/꾸띠나암// 따타아가따나
암 강가나나암 아발로까/사마따아나암// 따드 야타아 옴 비불
라/비말레 브라바레 지나바레// 사라 사라 사르바/따타아가따
다아뚜/가르베-아디슈티떼 스바아하아// 아야/따또바니 스바
아하아// 사르바/데바나 바하야 비붇다 아디슈티나/사마야 스
바아하아//

나마ㅎ 나바 나바아띠나암 따타아가따 강가나나암// 드리/바

274

알루까암 꼬띠/나요따/샤따/사하아스라나암// 옴 뽀뽀리 찌
리니 짜리 모리꼬레 짤라 바리 스바아하아//

삼력회향게 무구능제고 정광멸삼재
　　　　　無垢能除苦　淨光滅三災
　　　　　묘성향적인 현상종귀몽
　　　　　妙聲向寂印　現相終歸夢

- 무구정광대다라니는 더러움이 없는 깨끗한 빛의 다라니라는
  말이다.
- 한 줄 빗금은 단어의 구분이고, 두 줄 빗금은 문장의 종결로 숨
  을 쉬는 곳이다.
- ㅎ는 흐이며, –는 소리를 다소 길게 하는 표시이다. 그냥 글자
  만 읽어도 된다.

　무구정광대다라니는 말한 대로 소리로써 마음속에 빛의 보탑을
만드는 것이다.
　모두 여섯 문단으로 구분되어 있는데, 처음 문단은 단의 기초를
만드는 진언이고, 차례로 문단을 염하며 삼층 보탑을 만들어 가고
상륜부를 만들고 보정하며 회향한다. 회향回向은 다시 돌린다는
의미로 자신이 지은 공덕을 널리 모든 존재에게 베푸는 것을 말한
다. 마지막의 삼력회향게에서 삼력三力이란 수호력과 소원성취력

과 법인력을 말한다.

불국사를 세운 김대성이 불국사를 수화풍水火風 삼재三災로부터 영원히 보호되기를 바라는 소원을 발하고 천상에서 가장 힘이 센 신장인 나라야나, 일명 금강역사를 청하여 불국사의 수호를 부탁하였다. 그 수호신장을 부르기 위해서는 99번 무구정광대다라니를 써서 봉인해야 하는데, 목판을 새겨 찍어서 그렇게 석가탑에 봉인하였다. 무구정광대다라니경에 보면 무구정광대다라니를 써서 탑의 상륜부에 보관하라고 나온다.

불국사 석가탑도 다른 탑들과 마찬가지로 도굴이 되었는데, 탑의 2층에 보관되어 있던 관계로 도굴을 면하였다. 보통은 탑의 제일 아래 기단부분에 봉인할 물건들을 보관하는데 경전의 말을 따르느라 높이 보관한 것이다. 이 덕분에 도굴을 면했고 우리는 세계적인 문화재를 지니게 되었다. 도둑들이 경전을 읽고 도굴했다면 아마도 무구정광대다라니는 존재하는지조차도 아예 몰랐을 것이다. 도굴범들이 무식하여 머리 위의 무가지보를 놓친 것이다. 이런 것을 보면 모든 영역이 공부를 해야 뜻한 바를 이룬다.

이런 우여곡절과 함께 무구정광대다라니는 불국사와 함께 살아남았다. 그래서 수호력과 소원성취력이다. 마지막으로 오늘날 국무총리에 해당하는 김대성은 조국 신라가 불법佛法으로 인도되어 불국정토가 되기를 염원하였기에 불법으로 인도하는 법인력法引力이다. 무구정광이 지닌 삼력三力인데 마음에 빛의 보탑을 세워

심지를 밝히고 삼력으로 무장하여 당당히 불국정토로 향해 가는 소리의 걸음이 바로 무구정광대다라니이다. 보배로운 소리인 보음寶音이요, 다라니 글들은 보엄보살步嚴菩薩의 족적足跡들이다.

가장 위대한 혁명

혁명이라고 하면 흔히 신석기혁명과 산업혁명을 떠올린다. 혁명은 변화 가운데에서도 가장 혁신적인 변화를 말할 때 쓰는 단어이다. 신석기혁명과 산업혁명은 농사짓는 기술과 공업의 혁명이다. 이런 기술혁명과 더불어 정치적 혁명도 있다. 많은 정치적 혁명이 있었는데, 크게 보면 왕정의 수립과 왕정의 해체이다. 왕정 해체는 근대 민주주의 혁명으로 불린다.

인류는 씨족에서 부족으로, 부족에서 국가로 공동체를 발달시켜 왔다. 이 와중에 가장 중요한 포인트는 힘을 집중하는 것이었다. 이것은 힘의 논리로, 힘이 강할수록 지배력이 강해지고 통제를 효율적으로 할 수 있다는 사고에 기인한 것이다. 수메르 이후 수천 년 동안 이 사고는 큰 변화가 없었다. 아니 수천 년이 아니라 인류가 살아오는 동안 수만 년, 수백만 년 동안 확고한 진리처럼 여겨졌다.

비단 인간만이 아니라 동물의 세계를 보더라도 이러한 방식이 철칙처럼 작동하고 있으니, 인간과 생명체가 가장 철저히 신봉한 사고가 바로 힘의 논리이다. 너무 철칙이어서 생명체의 본능에 가깝다. 근대 이전에는 인간들도 여타 다른 동물과 다름없이 힘의 논리를 신봉하고 철칙으로 여겼기에 갈수록 힘을 집중하고 증대시키는 방향으로 역사를 추동시켜 왔다. 그래서 씨족에서 부족으로, 부족에서 국가로 공동체의 양식을 변화시키며 절대적인 권력을 지닌 왕을 출현시켰다. 신정정치와 왕정정치가 인류의 역사를 장식한 것을 보면 그 정도가 얼마나 대단한 것인지 쉽게 알 수가 있다.

절대권력자 왕의 출현은 종교의 절대자 신앙과 맞물려 인류 정치 문화의 대세가 되었고, 자연스럽게 주인과 노예라는 강고한 신분제 사회를 정초하며 피라미드 체제를 만들었다. 무리가 많아지면 힘이 강해지므로 힘의 논리는 곧 무리의 논리였다. 정치와 종교가 무리와 파당을 중시하는 이유이다. 슈퍼파워와 무리라는 양대 산맥으로 그동안 인류는 생존현장에서 이전투구하며 살아왔다. 중세 이전의 사회구조를 보면 잘 알 수가 있다.

그러나 집중된 힘은 독선과 각종 폐해를 유발했고, 근대에 이르러 절대권력은 입법, 사법, 행정 세 개로 나누어져 상호 견제와 균형이라는 민주주의 체제로 전환되었다. 그리고 무리의 사고보다 개인의 권리를 존중하는 인권이 선양되었다. 이것은 인류가 지금까지 한 혁명 중에서 가장 위대한 혁명이다. 왜냐하면 말한 대로 수천 년, 수백만 년 지속한, 강력한 힘에 의지한 통치가 아니라 힘의 분산을 통한 통치로, 모든 생명체가 본능적으로 하는 방법을 벗어나 인간만이 하는 통치방법을 제대로 정립한 것이기 때문이다.

인류는 여러 변화와 혁명을 겪었지만 통치와 정치만큼은 늘 일관되게 힘을 추구하였다. 그래서 알고 보면 지금 비로소 그 가장 위대한 혁명을 최초로 시도하고 있고 시작하고 있는 것이다. 우선은 이 사실부터 절감해야 한다. 너무 오랜 세월 동안 힘의 논리에 의한 통치에 익숙해져 있다 보니 그것이 얼마나 위대한 혁명인지 제대로 인식하지 못하기 때문이다.

힘이 없거나 부족하다고 해서 힘의 논리를 추구하지 않는 것은 아니다. 무리라도 지어서 세력을 형성하려고 한다. 무리를 짓는 가장 흔한 방법이 인간관계를 이용하는 것이다. 그래서 끼리끼리 인간관계를 위해 신분제를 정하여 무리를 만들고 세력을 형성하였다. 이렇게 태생으로 또는 정략결혼으로 무리를 형성하고 정하는 방법이 과거에 무척 성행하여 우리는 역사책에서 수없이 그러한 일들을 본다. 힘이 곧 무리요 세력이라고 본 것이다.

물론 힘이 있다고 해서 반드시 모두 힘의 논리를 따르는 것은 아니다. 강력한 절대적 힘에 의한 통치는 창조론과 그 궤를 같이한다. 그리고 근대의 자유와 평등, 견제와 균형의 원리는 절대적 존재의 상정이 아니라 구성원끼리의 적자생존의 방식이기 때문에 진화론과 그 궤를 같이한다.

사실 창조론과 진화론 중에서 어느 것이 옳고 어느 것이 그른가 보다 사고의 전환으로 인해 달라지는 사회의 모습이 더 중요하다. 통치는 왕정이 될 수도 있고 민주주의 방식이 될 수도 있다. 그러나 사고의 차이는 세계의 모습을 다르게 만들고 사회 질서를 다르게 만든다. 자연에 대해 이해하는 것을 자연법사상이라고 하는데, 고대의 자연법사상과 근대의 자연법사상을 보면 창조론과 진화론처럼 확연히 다른 차이를 보인다. 그래서 중세 이전과 근대 이후의 세상이 완전히 달라진 것이다.

힘은 지배와 통제를 위해 필요한 것이다. 지배와 통제, 한마디로 통치를 위해 시대에 따라 사람에 따라 왕이 필요하다고 느낄 수도 있고 구성원 간의 합의인 법이 필요하다고 볼 수도 있다. 과거에는 많은 사람들이 왕이 필요하다고 여겼다. 그러나 왕의 통치에 대한 갖가지 폐해를 겪은 근대 이후에는 법에 의한 진실의 통치, 국민에 의한 민주주의의 통치, 자유와 평등, 균형과 견제의 원리에 의한 통치를 보다 이상적인 통치로 보았다. 이러한 사고 전환에 정말 오랜 시간이 걸렸다. 그리고 민주주의는 피를 먹고 자라는 나무라고 할 정도로 엄청난 피를 흘렸다.

왕을 중심으로 힘을 집중하고 신분제로 집단화되어 편을 갈라 이리저리 여론몰이하고 마녀사냥하는 모습이 중세이고, 개인과 민중이 주인이 되어 권력기관의 힘을 분산하여 사실과 진실에 입각한 법의 통치를 하는 것이 근대의 모습이다. 물론 과거에도 법과 율에 의한 통치, 자유와 평등에 기초한 공동체 운영이 있었다. 불교의 승가가 그러했다. 또 불교의 진전을 가지고 동방에 와서 선을 처음 전한 달마와 양무제의 문답을 보면 그것을 엿볼 수 있다.

황제였지만 무명옷을 입고 네 가지 이상의 반찬을 먹지 않으며 불교의 홍포에 힘쓴 양무제가 달마를 만나 자신이 한 일에 대한 공덕을 물었다. 그러자 달마는 일언지하에 공덕이 없다고 말했다. 이에 놀란 양무제가 재차 그럼 가장 제일 좋은 일이 무엇이냐고 물었다. 그러자 달마가 "확연무성廓然無聖"이라고 대답했다. "툭 트여 따로 성스러운 것이 없다."는 말이다. 큰 힘을 통제하기 위해 늘 더 큰 힘을 좇는 일반인의 사고에 더 높고 더 낮은 것이 없다는 말을 한 것이다. 황제제도에 익숙한 토양에서 황제라는 지고무상의 존재에게 그런 말을 하였으니 알아들을 리가 만무하였다. 천자로 성역화되고 신격화된 문화에서 확연무성은 공허한 메아리였다.

인류사를 보면 최초의 위대한 혁명은 2,500년 전 붓다가 시작하였다. 붓다는 초기경전에서 생존을 무척 터부시하였다. 생존이 힘의 논리를 숭상하기 때문이다. 생존욕에서 벗어날 때 동물과 인간의 삶을 초월하고 해탈하여 지혜라는 보배를 얻을 수 있다. 여기서 우리는 생존과 해탈이 힘의 논리와 깊은 상관관계가 있음을 알아야 한다. 슈퍼파워가 아닌 평등한 구성원, 평범한 존재의 자유로운 교감과 상호적응이 생명의 현장에서 벌어지는 일이다.

무리와 집단 사고에서 벗어나 무소의 뿔처럼 홀로 가며 개인의 권리를 되찾고 책임을 다하며 스스로 주인이 되어 명상하며 살아가는 것은 작은 일이 아니라 위대한 혁명이다. "적수단도로 살불살조하고 평지에 풍파를 일으키고 마른하늘에 벼락을 치게 한다."는 말은 무리의 사고를 벗어나 자각의 통쾌함을 일대혁명이라고 소리 높여 외친 임제의 일갈이요 종풍이다. 맨손에 짧은 칼을 쥐고 부처를 죽이고 조사를 죽이니 스스로 당당히 주인임을 회복한 것이다. 그리고 또 자각이 무엇보다 위대한 혁명임을 마른하늘에 벼락을 치게 하고 평지에 풍파를 일으키는 장관으로 묘사하였다.

동양은 불교에 의한 자각을 추구했고, 서양은 근대를 맞아 계몽사상을 일으켰다. 자각과 계몽이 점차로 이루어져 간 것이다. 아시아는 감성이 풍부하여 종교적인 형태로 진행되었고, 서구는 지성이 발달하여 철학적으로 전개되었다. 다른 종교들은 사랑을 외치면서도 전쟁을 서슴지 않았지만 불교는 단 한 번도 전쟁을 일으키지 않았다. 진정한 자비가 무엇인지 그동안 소리 없이 보여준 것이다. 명상으로 지혜를 닦아 생존의 영역 속에 있으면서도 생존을 벗어나는 놀라움을 성취했기 때문이다.

초목의 만연한 푸르름 속에서 돋아나 오르는 꽃대는 시작부터가 남다르다. 그리고 꽃은 특별나다. 인간은 생명체이지만 생명의 꽃대와 같고 꽃과 같다. 인간은 그동안 생명체가 덮어쓰고 있던 생존본능과 무리사고와 힘의 논리를 벗어버리는 최초의 생명이 될 것이다.

머리를 아직 제대로 갖추지 못한 동물들은 여전히 힘의 논리만을 따라 생존현장에서 고군분투하며 살아가는 운명을 겪을 수밖에 없다. 지성을 갖춘 인간이 부족한 바가 있지만 그래도 힘의 논리를 극복하고 약육강식의 고해를 원만한 극락으로 바꿀 수 있다. 그리고 그 지성은 자각과 계몽으로 더욱 피어나 신세계를 열 것이다. 아마도 후세의 사가들은 가장 위대한 혁명이 붓다에 의해 발아하여 계몽사상으로 정립되고, 아시아가 계몽되면서 명상을 통해 지상 전체로 대확산되었다고 말할 것이다.

가장 강한 신분제인 카스트의 토양에서 역설적으로 개인의 자유와 법과 율에 따른 승가의 운영이 이루어진 것은 실로 인류사의 신기루 같은 일이다. 수천, 수만, 수십만, 수백만, 수억 년 동안 변하지 않던, 힘을 추종하는 사고가 붓다와 근대에 의해 사고의 대전환이 일어나기 시작하였다. 세월 속에서 수없이 물질적 토대가 변화되고 전환되는 와중에도 철통같기만 하던 정신이 비로소 변하기 시작한 것이니 가장 위대한 혁명이 아닐 수 없다.

앞으로 동양의 자각과 서구의 계몽이 결합되어 아시아에서 명상의 길이 제대로 피어나면 세계는 완전히 바뀔 것이다. 인류는 용사를 숭상하던 신화시대에서 사랑과 자비를 숭상하는 종교의 시대를 지나 이제는 명상의 시대로 진입하고 있다. 명상을 통해 자신에게도 가장 위대한 혁명이 시작되게 해야 한다. 일개인의 변화가 사회 전체의 대혁명으로 나타난다.

2. 참선

참선은 좌정을 하고 조용히 자신을 관조하는 행위를 말한다. 부처님이 전한 실천 수행법이다. 법당에 가면 불상이 취하고 있는 모습이다. 엄밀한 의미에서 참선이라는 말은 화두를 참구하는 좌선을 말한다. 지금은 일체의 좌선을 일컫는 보통명사로도 쓰이고 있다.

좌선의 목적은 심신心身의 업을 소멸시키고 정화하는 것이다. 밤새 악몽에 시달리더라도 깨어나면 그 악몽은 사라진다. 이처럼 정신이라는 물건은 깨어남으로 그 업을 소멸한다. 그래서 무지 속에서, 불안 속에서 미망을 헤맨다면 깨달음이 필요한 것이다. 그리고 섭생을 적절히 하고 잠과 휴식, 운동과 행위를 몸에 맞게 하고, 호흡을 고르며 내면을 조화롭게 할 때 몸의 업이 정화된다.

참선이란 정신의 업을 소멸시키기 위해 본마음을 깨닫는 법이다. 많은 깨우침의 법이 전하지만 화두를 참구하는 방법을 화두를 본다는 뜻인 간화선看話禪이라고 하는데, 오늘날 조계종의 공식 수행법이다. 또 중국에서 발달한 간화선과 달리 인도에서 부처님이 전한 좌선 수행법을 여래선이라고 부른다. 부처님이 전한 수행법은 두 가지로 분류되는데, 사마타와 비파사나이다.

사마타는 선정禪定을 닦는 수행법이며, 비파사나는 주의를 집중하고 관찰대상을 담담히 관하는 관법觀法이다. 중국 천태종에서는 사마타와 비파사나를 지관止觀이라고 번역하였다. 일반적으로 정혜定慧라고도 한다. 호흡을 관찰하는 수식관數息觀이 부처님이 전한 가장 대표적인 수행법인데 아나빠나사티라고 한다. 안반수의安般守意로 번역되어 그것을 설한 경전을 『안반수의경』이라고 부른다.

선의 초조初祖는 일반인들도 잘 아는 달마대사이다. 달마대사는 중국에 선법을 전한 최초의 인물인데, 외부의 인연을 쉬고 내부의 망념을 가라앉혀 마음이 고요한 부동의 경지에 이르게 할 것을 가르쳤다. 이를 "외식제연外息諸緣 내심무천內心無喘 심여장벽心如牆壁 가이입도可以入道"라고 하였다. 달마를 시작으로 2조 혜가, 3조 승찬, 4조 도신, 5조 홍인, 6조 혜능으로 선이 전해졌다. 이 시기를 순선純禪의 시대라고 한다. 이후 마조선사에 이르러 마음이 곧 부처라는 심즉불心卽佛사상이 피어나 중국에서 선이 활짝 꽃피게 된다.

처음에는 선이 정통적인 불법이 아니고 사법邪法을 행한다고 하여 혜가선사는 스님들에게 죽임을 당하기도 하였다. 우여곡절을 거쳐 임제스님에게까지 이른 선은 선종으로 우뚝 서 화엄, 천태와 더불어 중국의 대표적인 불교 종파로 자리 잡았다. 그리고 한국과 일본으로 전파되었다. 일본의 경우 조동종과 임제종이 자리 잡았고, 한국의 경우 임제종 양기파의 전통을 이은 조계종이 한국의 대표종단이 되었다.

임제종이 동아시아를 석권했으므로 임제에 대해 알아볼 필요가 있다. 임제는 당대의 최고 선승인 황벽선사의 문하에서 가장 뛰어난 제자였다. 경율론經律論 모두에 밝았고 효자였다고 한다. 스승 황벽을 절대 신뢰하며 모범적으로 수행했지만 임제는 깨닫지를 못했다. 이에 스승 황벽은 임제를 변방의 선승인 대우스님에게로 보낸다. 모범생이었던 임제는 눈물을 머금고 스승을 떠나 대우스님에게 갔고, 그가 오는 것을 본 대우 스님은 임제에게 물었다. 이 부분에 대한 이해를 위해 『선현禪現』이라는 책을 인용하고자 한다.

임제를 본 대우스님이 물었다.

"너는 황벽스님의 수제자 임제가 아니냐? 어찌하여 여기 왔느냐?"

임제가 처연한 목소리로 답하였다.

"스승님께 도를 묻기만 하면, 제게 무슨 허물이 있는지 때리기만 하십니다."

그 얘기를 묵묵히 듣고 있던 대우스님이 다시 물었다.

"너는 왜 꼭 스승이 네게 허물이 있어서 때렸다고만 생각하느냐?"

그리고 대우스님도 곧장 임제를 패기 시작하였다.

잠시 후 허리를 굽히고 고개 숙여 그렇게 맞고 있던 임제가 갑자기 두 다리를 땅에 굳게 딛고 일어서며, 대우스님의 옆구리를 쥐어박으면서 한마디 하였다.

"도가 별것 아니구먼."

이 일어남과 소리가 후에 사자후가 되어 천하를 석권하였다. 임제와 대우스님도 대단하지만 대우스님에게 보낸 스승 황벽의 혜안이 놀랍다. '도가 별것 아니구먼'의 원문은 '황벽불법무다자黃蘗佛法無多子'인데, 중국에서는 자식이 많지 않으면 별것 아닌 취급을 하고 자식이 많고 번창한 것을 대단하게 여겨 '도가 별것 아니구먼'이라고 번역한다.

어째서 당대 최고의 스승 밑에서 깨치지 못한 임제가 변방의 선승 대우스님에게서 깨쳤을까? 두들겨 패는 것에 주안점이 있는 것이 아니라, "왜 꼭 허물이 있어서 스승이 때렸다고 생각하느냐?" 하는 대우스님의 말에 핵심이 있다. 모범생이었던 임제는 늘 자신의 잘못을 보았고, 그런 죄의식과 업심이 오히려 자신을 자승자박하고 있었다. 또 온전한 주체로서의 자신을 보는 것을 방해하였다. 깨닫고 난 뒤의 임제는 후일 "무엇이 부처입니까?" 하고 물으면 "네 자신이 바로 부처다."라고 말하였다.

선禪은 자유이며 해방이며 해탈이다. 마음의 자유이며 해방이며 해탈이다.

마음은 두 가지에 묶이는데 자의식과 집단무의식이다. 자신의 내부에 있는 질긴 자아집착심과 자신 외부에 있는 거대한 사상의 포로가 되어 마음이 좀비가 되는 것이다. 그들에 의해 마음은 속박되고 끌려 다니며 주체성을 상실한다. 그래서 자유가 필요하다. 넋 나간 것을 일깨우기 위한 사자후獅子吼가 필요하다. 임제의 가풍을 표현한 말이 있는데 다음과 같다.

적수단도 살불살조
赤 手 短 刀　殺 佛 殺 祖

청천굉벽력 평지기파도
靑 天 轟 霹 靂　平 地 起 波 濤

시임제종풍야
是 臨 濟 宗 風 也

맨손에 짧은 칼을 쥐고 부처를 죽이고 조사를 죽인다.
푸르른 하늘에 날벼락이 떨어지고 평평한 땅에서 큰 파도가 일어난다.
이것이 임제의 종풍이다.
_『선현』에서 퍼옴

얼른 들으면 무슨 소리인가 싶지만 임제가 깨치는 과정을 보면 이해가 된다. 이 부분은 무척 중요하여 다시 한 번 자세하게 되새길 필요가 있다.

임제는 스승 황벽을 부처님처럼 믿고 따르며 수행하였다. 그러나 스승 황벽은 늘 임제 스스로를 보기를 원하며 임제를 때렸다. 그러나 임제는 여전히 자신을 보지 않고 스승의 행동을 보고 자신에게 무슨 허물이 있어 스승이 자신을 때렸는지만을 생각하였다. 스스로가 스스로를 있는 그대로 보지 못한 것이다. 늘 부처님이나 스승에 의지하여 자신을 보고 또 자신의 허물을 생각하며 주눅이 들어 있었다. 한 번도 자신을 일으키지 못했고 자신의 마음을 세우지 못했다. 임제 종풍을 보면 자신의 마음에서 자의식과 집단무의식을 일거에 걷어내는 통쾌함을 엿볼 수 있다.

"도가 별것 아니구만"이라고 번역하는 황벽불법무다자黃蘗佛法無多子라는 원문을 보면 더 뚜렷이 드러난다. 임제는 스승 황벽의 법이 별것 아니라는 말로 그동안 자신의 마음을 덮은 집단무의식을 걷어 버린다. 그것을 '적수단도'로 '살불살조', 맨손에 짧은 칼을 쥐고 부처를 죽이고 조사를 죽인다고 표현한 것이다. 그리고 그 깨달음의 통쾌함을 마른하늘에 천둥벼락이 치고 평지에 풍파가 일어난다고 묘사한 것이다.

이러한 임제의 자각은 '수처작주隨處作主 입처개진 立處皆眞'이라는 말로도 나타난다. "스스로 주인이 되라. 그리하면 서 있는 곳이 모두 참되다."라는 명구이다. 오늘날 절의 스님들이 종종 걸어

두거나 또는 신도들에게 붓글씨로 써서 주기도 한다. 자신이 찌그러져 있다고 초승달이 보름달을 부러워할 필요가 없다. 벗어나려 하지 말고 눈썹같이 생긴 초승달 그대로를 받아들여라. 있는 그대로가 참되며 아름다운 것이다.

선문禪門에 "향하면 어긋난다"는 유명한 경구가 있다. 마음의 길을 보라. 떠돌면 유령이 되고 스스로를 비추면 부처가 된다. 선은 이렇게 바깥을 좇으며 자승자박한 마음을 해방시키며 스스로 주인이 되는 것이다.

부처님도 "자신에게 의지하고 진리에 의지하라. 자신을 등불로 삼고 진리를 등불로 삼아라."라고 하였다. 자귀의自歸依 법귀의法歸依 자등명自燈明 법등명法燈明이다. 임제보다는 점잖게 말한 것이지만 모두 같은 의미이다.

우리나라의 경허스님도 '적수단도'로 '살불살조'하며 집단무의식을 걷어차고 주체를 회복하는 것을 온몸으로 보여주었다. 말년에 승복을 벗고 박난주로 개명하고 삼수갑산에 가서 마을 훈장을 하다 돌아가셨다. 겉모습에 연연하지 않고 사상의 굴레를 훌쩍 뛰어넘어 스스로 주인이 되어서 진속불이眞俗不二를 외치며 성속을 자유롭게 오간 것이다.

이처럼 자신이 부처이다. 정확히 말하면 자기 자신으로 온전히 돌아올 때 자신이 곧 부처임을 발견한다. "봄을 찾아 온 곳을 다녔는데 집에 돌아오니 뒤뜰에 매화꽃이 피어 있었네"라고 하는 선사의 게송이 바로 이것을 말하는 것이다. 임제와 부처님의 자의자등 自依自燈이 불교의 깨우침이며 선의 목적이다. 이렇게 동아시아에서 선이 활짝 개화하며 수많은 수행자의 마음을 개화시키고 눈을 뜨게 하였다.

그러나 시대가 흐르면서 선기가 약화되어 갔고 여러 가지 폐해가 나타났다. 그래서 후일 송나라 때에 대혜종고 스님은 그러한 폐단을 극복하고 새로운 수행가풍을 진작하기 위해 옛 조사들의 문답을 화두로 삼아 참구하는 수행법을 주창하였다. 이것이 바로 간화선의 등장이다. 화두話頭란 말꼬리, 화미話尾가 아니라 말머리, 본의本意를 말한다. 본질, 마음이라고 불리는데 본래면목本來面目, 본지풍광本地風光을 뜻한다.

선사들의 문답을 보고 의심 가는 부분을 자신의 문제로 삼아 집중적으로 참구하는 것이 화두참선법이다. 그러나 간화선은 원나라가 들어서면서 밀교가 득세하고 명·청 시대에는 선과 정토가 융화되면서 그리 크게 선의 중흥을 이루지는 못했다. 다만 우리나라의 경우 고려 말의 태고보우에 의해 전래된 간화선법이, 조선시대의 억불숭유로 다른 사상이 유입되지 못하면서 그대로 전승되고 경허 스님에 의해 크게 다시 중흥되어 오늘날까지 이르러 한국불교수행의 주류 수행법이 되었다.

간화선 수행의 중요한 부분이 스승과 제자의 전등傳燈이다. 이것을 절에서는 사자상승師資相承이라고 한다. 사자상승은 현재 인

산골선원

가認可라는 방법으로 이루어지고 있다. 인가란 스승이 제자의 경지를 이신전심以心傳心으로 인정해주는 것을 말한다. 그래서 간화선에서 필수적인 요소가 바로 스승이다. 스승에 대한 대신심大信心, 화두에 대한 대의심大疑心, 용맹정진의 대분심大忿心이 화두 수행의 3대 요소이다. 선문禪門에 온갖 화려한 수사가 난무하지만 그 핵심은 직접수행이며, 직접수행에서 가장 중요한 요소는 단 하나이다.

"추호도 바깥으로 좇지 마라."

〈구름과 달〉도후 스님 그림

도후 스님

연세대학교 철학과를 졸업하였다.
1992년 출가 이후 제방선원에서 참선 정진하였으며,
현재는 천안 광덕산 밀천사에서 정진 중이다.
지은 책으로 『선밀禪密, 선을 두루 살피다』와 『선현禪現, 선의
정수를 보이다』가 있다.

한 권으로 일목요연하게 보는 불교의 이해

초판 1쇄 발행 2020년 8월 24일 | **초판 2쇄 발행** 2021년 3월 25일
지은이 도후 | **펴낸이** 김시열
펴낸곳 도서출판 운주사

(02832) 서울시 성북구 동소문로 67-1 성심빌딩 3층

전화 (02) 926-8361 | 팩스 0505-115-8361

ISBN 978-89-5746-615-5 03220   값 15,000원

http://cafe.daum.net/unjubooks 〈다음카페: 도서출판 운주사〉